残念な相続〈令和新版〉

内藤 克

日経プレミアシリーズ

はじめに

「相続って、お金持ちの家の話だよね。大した財産もないから、うちは関係ない。きょうだいだって仲がいいし、もめるわけがない」

相続のアドバイスというと、「お金持ちのお父さん」へ向けて節税や保険を勧めるイメージを持ち、自分には無縁と考える方が大半でしょう。しかし、実際の相続では「大した財産がない」ほうが分割で困る可能性が高いのです。

遺産が主に自宅で預貯金などの流動資産が少ない場合、きょうだいで分けることが難しくなります。また、親から生前に受けていた贈与をめぐって、きょうだい間で激しい争いが起きることもあります。相続税の面でも、納税額を減らそうと思って行った策が、かえって納税額を増やしてしまうこともあるのです。

このような「残念な相続」を防ぐためには、正しい知識を身に付け、早めに対策を取ることが重要です。本書は、そうしたノウハウを解説して好評だった『残念な相続』（2018

年7月刊）を改訂するものです。

振り返るとこの5年間は相続ルールの大きな改正が相次いだ期間でした。また、新型コロナウイルスのまん延により人々の価値観が大きく変わり、「人の命ははかないもの」と考え、死を見つめ直す機会となった気がします。

最近の民法の改正（数十年ぶりの改正が相次いだ）により、やや「時代にフィットした相続」が可能になりました。一方、ほぼ毎年の相続税法の改正により「節税策」がどんどん姿を消し、その傾向はこれからも続くと思われ、「納税しながら健全な財産を承継する時代」に向かっていると感じます。

「どう節税するか」というよりも「残される者が困らないように」、そして何より「長生きする自分が困らないように」準備しておこうという気持ちで老後や相続を考えることになります。

さらに、近い将来65歳以上の5人に1人は認知症を患うといわれています。今後は「節税などの相続対策」と並んで、「認知症などの相続前対策」が重要となるかもしれません。

節税策がどんどんなくなるということは、今後、税理士にテクニカルな節税方法を求めても、期待した答えが返ってこないと考えざるを得ません。むしろ税理士は、家族や財産の構成、将来設計をもとにそれぞれの家庭にフィットした相続の提案をコーディネートする役割を担うことになるでしょう。

私が税理士登録を行った30年前、申告書は手書きの紙で提出していました。そのため、多少のミスがあっても税務署は発見できず、指摘されないこともある古き良き（？）時代でした。当然、相続税だけでなく法人税も所得税も今と比較するとずいぶん粗削りでシンプルなものであったため、抜け道のような節税対策がたくさんありました。インターネットも存在していなかったため、情報格差が激しく、「抜け道を知っている税理士」と「抜け道を知らない税理士」はハッキリ分かれていました。

しかし、時代は変わり、申告作業はデジタル化し、コンプライアンスも強化されました。グーグルや最近ではChatGTPなどで高度な知識も瞬時に会得することができます。このような中、我々税理士は、「憎しみ、裏切り、逆転、そして幸福な人生」の入り混じった「最も人間くさい税目である相続税」においては、これまで以上に人間的なアプローチが必要となってくると考えます。

今回の改訂版では以下の新しい制度について加筆・修正を行い、すでに旧版をお読みいただいただいた方も最新の知識にアップデートができるように工夫しました。

●配偶者居住権（自宅を子供名義にしても母親の居住権利を確保）
●自筆証書遺言の財産目録がパソコンで作成可能に
●遺産分割前の預貯金の払い戻し（分割協議がなくても銀行で一定額の払い戻しＯＫ）
●法務局での自筆証書遺言の保管制度（手ごろな料金で公的保管）
●相続人でない親族に、被相続人に貢献した場合の寄与分が発生（お嫁さんにも寄与分）
●遺留分減殺請求が遺留分侵害額請求に（金銭債権化によりきょうだい独自の財産も差し押さえ可能）
●相続登記の義務化（所有者不明土地をこれ以上増やさない）
●配偶者から贈与・遺贈された自宅は相続財産から除外
●教育資金・結婚資金の一括贈与の見直し（所得要件）
●相続時精算課税の見直し（２０２４年〜）
●生前贈与加算の期間延長（２０２４年〜）

相続対策に完璧なものなどありません。また、あったとしても効果の強いものはそれなりに副作用も強く、失敗するとダメージが大きいのです。そのため、相続後に書面（主に遺言）で効果を期待するのではなく、生前にコミュニケーションを十分とっておく必要があります。相続の話というと正座してビシッと話すイメージがありますが、スマホで電話をしたりビデオ通話をしたりしてもかまわないのです。相手が反応できる状態でのコミュニケーションが重要ではないでしょうか。時代の変化とともに、相続への向き合い方もどんどん変化していくに違いありません。

この本に書いてあることはすべて私の実体験にもとづくものであり、登場人物はすべて実在する相続人です。このような経験をさせていただく機会をくださった皆様、書籍の編集にご協力いただいた日経ＢＰの小谷雅俊氏に感謝申し上げます。

２０２３年８月

内藤　克

目次

第2章 本当は怖い「相続税」

第3章　「よかれと思って」生前贈与の罠　171

第4章 税務署はどこまでも追ってくる！ 203

第5章 厄介事が多い会社の相続 239

第1章

もめない策が仇となる「遺産分割」

1「うちは大丈夫」。そう思ってる人が一番困る

「うちには大した財産はありませんから……」
「うちは長生きの家系ですから……」
「うちはきょうだい皆、仲がいいですから……」

相続対策はまだ必要ないと考えている人の話を聞くと、理由はだいたいこの3つに分類されます。他には「相続対策に興味を示すと生命保険や不動産の営業を受けるからイヤだ」という思いや、どこの家にも1つや2つはある「人にいいたくない話」をしなければならないわずらわしさで相続対策から遠ざかる、といったケースもあるようです。そういう場合は別として、冒頭の3つの理由には実はそれぞれ大きなリスクが存在しているのです。

「大した財産はない」ほうがよっぽど苦労する

大した財産かどうかは感じ方に個人差があるので一概にはいえませんが、冒頭のような発

言をする人は、要するに「相続税はお金持ちの税金であって、われわれ庶民には関係ない」と考えているのでしょう。

ですが、２０１５年から相続税の基礎控除は大幅に下がっていて、相続税がかかる対象者は増えているため、油断はできません（基礎控除は「３０００万円＋６００万円×法定相続人の数」）。

また、「住宅ローン（借金）が多く残っているから財産から引けるんじゃない？」といっても、これは死亡時に団体信用生命保険で完済されるため債務控除はないことになります。

さらに、相続財産が自宅だけの場合、場所によっては相続税はかからないかもしれませんが、法定相続分（次項参照）にもとづいた分割は難しくなります。遺産分割の材料である預金など流動資産が少なく、分割財産の選択肢が乏しくなってしまうからです。

２０２０年４月から、配偶者が土地建物を取得しなくても、家賃なしで自宅に住み続けることができる「配偶者居住権」が創設されました。従来は、配偶者が土地建物を取得してしまうと、預貯金などの流動資産をあまり取得できなくなるケースも見受けられました。一方、「配偶者居住権」は評価額が低いため、これを取得しても預貯金の取り分がさほど減らず、配偶者が老後の安定した生活を確保しやすくなりました。妻と子供たちの関係があまりよろしくない場合などは、「遺言で配偶者居住権を指定する」ことをお勧めします。

つまり、「大した財産がない」ほうが分割では困ってしまう可能性が高いのです。このような場合は、生命保険への加入や資産の売却などで、手元の流動性を高めておかなければなりません。

「健康寿命」が残っているうちに対策を

最近は健康寿命の重要性が意識されるようになりました。健康寿命とは健康上の問題がない状態で日常生活を送れる期間をいい、平均寿命と健康寿命との差は男性で約9年、女性で約13年といわれています。この間に認知症などを患うと自分の意思表示ができなくなり、契約などの法律行為が不可能になります。

その場合は裁判所によって「法定後見人」が選任され、後見人は本人の利益を考えながら法律行為の代理を務めることになります。本人がたとえ遺言を書いていてもそれに従ってお金を動かせるのは相続開始（親の死亡など）してからの話で、生きている間の財産処分は自由にできなくなります。

もし孫に対して「おまえが大きくなったら、おじいちゃんのお金でイギリスにサッカー留学させてあげるからね」といって長年にわたってお金を積み立てていたとしても、認知症になって後見人が選任されてしまうと、その約束は事実上そこまで。後見人は他の相続人とのバランスを考えて積極的な贈与をさせてくれなくなるのです。

このような場合の対策としては「民事信託」（家族信託）が有効になります。民事信託は2007年の改正信託法の施行により始まった制度で、本人の財産を子供に信託して、財産名義を移した上で管理してもらうというものです。しかし、この信託契約そのものも認知症などで意思表示ができなくなった後ではできないのです。

人間、寿命があらかじめわかっていれば余裕を持って対策を講じる時期を決められますが、これればかりは誰にもわかりません。「長生きの家系だから」と安閑と構えているのではなく、健康なうちに自分の財産をどう使ってほしいのかを意思表示して、法律的な手続きを済ませておく必要があるのです。

長生きは喜ばしいことですが、その分、老後資金の確保や認知症対策などの相続前対策を考える必要があることを肝に銘じておかなければなりません。

きょうだいは仲がいいというけれど……

「うちのきょうだいは子供の頃から仲良しだ」といっても、いつまでもそうとは限りません。事業に失敗してお金を工面しなければならなくなったり、結婚した配偶者が上手に親戚付き合いできずに疎遠になったりするなど、環境が変われば仲のよかったきょうだいの関係も不安定になってきます。本人たちだけなら問題がなくても、それぞれの配偶者が出てくるとトラブルが顕在化します。

特に、きょうだいの配偶者同士がもともと折り合いが悪かった場合は、相続となるとまるで代理戦争のようになり、きょうだい同士が何年もの間争うことになります。

親の介護をするのは実の息子ではなくお嫁さんであるケースも多く、ちゃんと介護費用に使っているのに、後で「母のお金を一体何に使ったんだ！」ときょうだいから厳しく追及されることもあります。

親は自分が生きている間に子供同士のトラブルなど見たくないものですが、子供としては親が生きている間に、遺言などできちんとした意思表示をしてほしいものです。

2 親の面倒を見たら遺産の上乗せアリ？

「先生。最近うちの父が亡くなって、母とわれわれ子供が相続することになったんですが、『法定相続分』とかで母は遺産の2分の1をもらえるんですよね？」

「はい、Aさんの家の例ではそうなります。でも、妻が常に2分の1とは限りませんよ。それどころか、法定相続分に従って簡単に分けられることは少ないんです」

「えっ、『法定』っていうのに!?」

「法定相続分」の通りに財産がもらえるとは限らない

法定相続分とは遺産分割に際して、民法で定められている「各相続人（遺産を相続する方たち）が取得する割合の目安」です。通常、遺言がない場合はこの割合により分割しますが、この割合には「誰が被相続人（亡くなった方）の世話をしたか」とか「誰が事業をサポートしたか」といったことがまったく反映されていません。したがって、「では、法定相続分通りに分けましょう」と簡単にはいかないケースが多いのです。

相続人全員が納得すればこの割合を無視してもかまいませんし、逆に法定相続分で分割しようとしても、全員が納得しなければ成立しないのです。

法定相続分は家族構成によって異なります。配偶者と子供2人のいわゆる「標準世帯」の場合は、配偶者が2分の1、子供がそれぞれ4分の1ずつとなりますが、必ずしも配偶者が2分の1とは限りません。

たとえば、子供がいない家族の場合は配偶者に加え、血族相続人が第2順位となり、相続人は「配偶者+亡くなった人の親」ということになります。この場合は配偶者が3分の2、両親が6分の1ずつ（親が1人の場合は3分の1）になるのです。

さらに、両親ともすでに亡くなっている場合は血族相続人は第3順位となり、「配偶者+亡くなった人の兄弟姉妹」が相続します。この場合は配偶者が4分の3とほとんどを受け継ぎ、残りの4分の1を兄弟姉妹で均等に分けることになります。

親が亡くなって相続が発生した場合に、親の面倒を見ていた家族とそうでない家族とでは「財産形成に対する貢献度合い」が異なるため、単純に法定相続分で割り切るわけにはいきません。このため民法では「寄与分」といって被相続人の財産形成に寄与した相続人に対しては、相続財産の上乗せを認めています。

しかし、単に親の介護をしていたとか身の回りの世話をしていただけでは認められません。財産形成に寄与していなければならないのです。親の事業拡大に貢献した場合などはいいのですが、親の財産を取り崩しながら身をすり減らして介護をしても、寄与分は認められないのです。この辺は一般生活者の感覚と食い違う部分かもしれません。

また、同居家族が「オレは親の面倒を見てたじゃないか?」というと、だいたいの場合は、「その分いろいろと生活費を出してもらってたんだろ?」と反論され、通帳や家計簿の提出を求められることも多く、しばしば不愉快な結果に終わるのです。

「生前贈与」で果てしないきょうだいバトルが勃発

「特別受益額」とは、生前に被相続人から贈与を受けていた場合の贈与額などをいいます。民法の考えでは、相続開始時の財産にこの相続人全員への特別受益額を加算したもの（贈与しないで蓄えていたとした場合の相続財産）をもとにして分割協議を行うことになっています。そのため生前にさんざん親のスネをかじった相続人がいた場合、相続時に「今回は遠慮してください」ということになります。

きょうだい間でもめるのは、ほとんどがこの特別受益額です。「オレは借家住まいなのに兄貴は自宅の頭金をお父さんに出してもらったじゃないか！」という弟に、「じゃあ、おまえが離婚するときに親に慰謝料を出してもらったのを忘れたというのか？」と反論する兄。こんな具合で果てしなきバトルが始まるのです。

相続税の計算でも「生前贈与加算」といって、「相続開始前3年（2024年分の贈与から段階的に加算期間が延長され、2031年より7年）以内の相続人に対する贈与は相続税の対象とする」ことになっています。贈与税を納付している場合には相続税との二重課税にならないように、相続税の申告時に税額控除できることになっています。

借金は「法定相続」される

誰がどの財産を取得するかの話し合いも大変ですが、被相続人に債務（借金）がある場合はもっと大変です。この場合は、分割協議や遺言でどう定めても「法定相続分」で引き継がれることになります。誰が引き継ぐかにより回収が困難になっては債権者が困るので、債権者保護のために定められているのです。

3 「分割協議のやり直し」はNG？

「アキラ（弟の名）、早く遺産分割協議書にハンコ押してくれよ」
「兄貴はそういうけど、オレはまだ分け方が腑《ふ》に落ちないんだ」
「だけどグズグズしてたら、もう10カ月たっちゃうじゃないか」

10カ月以内に分割できれば2大特典が使える

相続では遺産を相続する人たちが全員で話し合い、分け方を決めて「遺産分割協議書」を作る必要があります。ところがこんな感じで、「もうすぐ申告期限だから早くハンコを押しなさい」といわれて納得しないまま、遺産分割協議書にハンコを押してしまう方がよくいます。

相続税の申告には期限がありますが、分割協議には期限がありません。

いたずらに話し合いを拒否して長引かせたりするのは迷惑な話ですが、心の中でモヤモヤしながら分割協議書にハンコを押しても後からトラブルになるケースが多いため、注意が必要です。

相続税の申告期限は相続開始（親の死亡など）を知ってから10カ月以内となっています。適用できれば効果が大きいのに、この期間までに分割協議が整っていないと適用できない特例が2つあります。「配偶者の税額軽減」と「小規模宅地等の評価減」です。

前者の配偶者の税額軽減とは、「配偶者が法定相続分（相続人が配偶者と子供の場合には2分の1）か1億6000万円までの取得について相続税がかからない」という制度です。

後者の小規模宅地等の評価減とは、「自宅を相続した場合に330平方メートルまでの部分について80％評価額を減額できる」というものです。

この2つの特例とも節税効果が大きく、また分割協議の成立が要件となっているので、税理士としては「なんとか期限に間に合わせて申告したい！」という気持ちが働きます。

ただ、申告期限までに分割協議が調《ととの》わない場合でも、申告期限から3年以内に分割が行われればこの2大特例は適用可能となります。この場合は、期限内申告書の提出とともに、「申告期限後3年以内の分割見込書」を提出しておく必要があります。3年以内に分割が行われた時点で税金の還付を受けることができます。

とりあえずこの特例を適用しなくてもよいくらいの納税資金の用意があるならば、10カ月の期限にこだわらず、落ち着いて分割協議を調えてもよいのです。

相続税を払った後に贈与税も！

以下は以前相談に来られたＡさんのケースです。

Ａさんは分割協議で納得がいかない点があったため最後まで粘り強くきょうだいと交渉していたのですが、長男から「おまえ以外は皆納得している。後でオレが相続した土地をおまえの名義にしてやるから、とりあえずハンコを押してくれ」といわれて押印しました。その分割にもとづいて相続税も納付し、そののちに兄が相続した土地を約束通りＡさんの名義にしました。

ところが、この手続きを自ら法務局で行ったら「兄から弟への贈与」として登記され、後日税務署から呼び出され、贈与税が課せられてしまいました。当人同士は弟名義にするところまでが相続手続きだと思っていましたが、税務署から見れば「相続後にきょうだい間の贈与が行われただけ」だったのです。

「ノー！　やり直しなんてとんでもない」

いろいろな相続の専門家に「遺産分割協議はやり直せますか？」と質問したとしましょう。そう聞くと、弁護士は「全員が合意すればできますよ」と回答し、司法書士は「新しい分割協議書に押印していただければ登記できますよ」とアドバイスします。

しかし税理士からすると、「ノー！　やり直しなんてとんでもない」と叫びたいところです。なぜならば、税務の世界では「分割協議のやり直しはできるが、贈与税や所得税がかかる」からです。登記の仕方が「贈与」ではなく「錯誤」や「真正な登記名義の回復」であっても、税務上は同じ扱いになります。

税務上のやり直しが利くのは偽造されたなど、そもそも分割協議が成立していなかった場合だけです。

話は変わりますが、過去において、話し合いで合意した内容と異なる分割協議書を作成され、これにうっかり署名・押印してしまいトラブルになった例がありました。「この間の話し合いにもとづいて作成したものだからここにサインと押印をお願いね」といわれてサインと押印したのですが、前日に説明を受けた内容と異なる内容に変更されていました。署名・

押印するページだけ見せられて応じてしまったのです。

裁判まで進みましたが、その分割協議書が無効とはされず、部分的な譲歩で和解せざるを得ませんでした。それほど押印の意味は重いのです。したがって冒頭の通り、安易に妥協せずにちゃんと納得してから遺産分割協議書にハンコを押すのが正解なのです。

4 「不動産」こそ相続の王様？

最近相続に直面したある家の、遺産分割協議の光景です。

「あなた！　亡くなったお母さんの世話をしたのは私なんだから、お兄さんよりもいい財産をもらうのよ！」

「わかってるよ。でもいい財産って何だよ？」

「アパートに決まってるでしょ。なんといっても家賃収入のある不動産よね」

「わかったわかった。でも兄貴には頭が上がらないからなあ……」

結局のところは換金性

相続財産の王様というと不動産のように思われがちです。しかし、相続の現場で実際に人気のある財産といえば1位は「現金預金」。2位以下は「生命保険金」「上場有価証券」、そして「賃貸用マンション」「自宅」と続きます。これは会社のバランスシートの表示順である流動性配列法とほぼ同じです。

親がその後の運用利回りや資産バランスを考えて組み合わせた財産でも、子供たちにとっては余計なお世話。結局のところは「換金性」がもっとも重視されることになります。親が「残してあげたい」と思っている財産と子供が「欲しい」と思っている財産には必ずズレが生じるのです。

相続が発生すると税理士は、まず財産目録の作成を始めます。亡くなった方と付き合いの長い場合などはほとんどの財産を把握していますし、取引銀行や保険会社の担当者ともコンタクトを取っているので、作成はスムーズに進みます。そして、相続税の申告のために評価額を埋めていきます。申告のための評価ですから「財産評価基本通達」にもとづいて計算した金額となりますが、この評価額と実際の換金価値とはかなり異なるのです。

不動産と非上場同族会社の株式は評価しづらい

相続税の計算に用いられる評価額はいわゆる「時価」ということになっていますが、上場株式のように時価のはっきりしている財産はむしろ少なく、ほとんどの財産は時価が曖昧です。そこで評価者によって評価額が大きくぶれないように、通達で細かく評価の方法を定めているのです。なかでも評価額と相場が大きく異なるのは、不動産と非上場の同族会社の株式です。不動産の評価は「土地は路線価（路線価については第2章8項参照）」「建物は固定資産税評価額」が基本となっていますが、これらは「この金額なら売れますよ」という金額ではなく、むしろ低めに設定されているのです。

相続では、「なんといっても金額の大きい財産を取得したほうが勝ち」と思いがちです。しかし、現在の自分の財務状況によっては、金額をさておいても流動性を重視すべき場合もあります。

たとえば、育ち盛りの子供が多く教育資金が必要な場合や借金が多い場合には、広い土地に建築された古アパートなどを取得しても意味がありません。「売ってしまえばいい」といっても、かかるコスト（立ち退き料＋仲介料＋未収家賃の回収＋売却に伴う税金）はかなりの大きさです。さらには売却までの時間も考えると、評価額の高い不動産よりも「金額は低くても流動性の高い預貯金」のほうが役に立つ場合も多いのです。

「その後」まで見据えて相続を考えよう

一方、今までの運用資産が預金ばかりだった人や前回の相続で預金・生命保険を手にしている人などは、着実に家賃収入が得られるアパートという選択肢もあります。アパートを取得するということは、将来受け取るべき家賃を確保することにもなります（たとえば評価額1億円のアパートで年間600万円の家賃収入が見込める場合、10年間で6000万円のキャッシュを得ることになるのです）。もちろん他の相続人の希望との兼ね合いもありますが、財産の取得後の資産バランスを考えることがポイントとなります。

最後にもう1つ。分割協議には、「いずれは自分も子供に財産を残す」「いつかは換金（売却）する」といった「その後のこと」（出口）を意識して臨む必要もあります。たとえば、相続人が兄と弟の2人で兄が独身で子供がいないという場合を考えてみましょう。あなたは弟の立場です。

今回の相続では兄が相続しても、兄が亡くなった後の相続時には、兄には子供がいないので結局は自分の子供に財産が相続されることになります（この場合の兄の相続人は「弟もしくはその子」）。であれば、今回の相続ではあまり極端な主張をせずお兄さんに譲っておく、という考え方もあるわけです。

5 「お父さん、節税より私たちの欲しい財産残してよ」という時代に

「お父さん、この自宅は借地だからずーっと地代を払わなければいけないの？」

「そうだよ、今さら地主から買うつもりはないからな」

「でもこの家、携帯の電波も入りにくいし、壁も薄くてテレワークしにくいんだよ」

「この間、外壁工事で結構なお金がかかっているし……」

「んー、自分で住宅ローン組んで家買おうかな」

「だめだ、仏壇もあるしこの家を守ってくれ」

「……」

財産なら何でも欲しがる時代ではない

財産と名の付くものは基本的に換金ができるはずです。リフォームしたばかりの借地権付き建物であっても、価格次第で売却もしくは賃貸できるため放棄する必要はないと思います。

しかし、最近は職業を選ぶのもそうであるように、「お金」よりも「利便性」や「充実度」で選ぶ世の中になり、親の価値観と子供の価値観にズレが生じやすくなっています。このケースのように、たとえ生まれ育った家でも、思い出とか愛着とかではなく、そこを借りている限りずっと払い続けなくてはならない地代という現実的な問題を目の前にしたときに、子供たちはクールな判断をすることになります。

私が税理士として、相続税申告を数百件経験して感じるのは、残された家族がその後の維持を難しいと感じる財産が意外に多いということです。ご自分の人生ですのでご家族の意見を取り入れる必要はないのかもしれませんが、終活に入ってからは大胆な断捨離が必要な気がします。

欲しくない財産とはどういうものか

●貸付金

会社の資金繰りがうまくいかない場合に、自分のお金を貸し付ける社長さんは少なくありません。一時的な貸付であれば問題ありませんが、慢性化してくるとまめに決済せず、まるで資本金のように計上したままという会社もよく見かけます。また、社長への返済をせずに社長へ給与を払い続ける会社も数多く存在します。この状態で社長さんが亡くなると、その貸付金も相続税の対象となります。

その段階で会社に返済能力があればいいのですが、そうでないと回収が微妙な状況なのに（たとえば半分くらいしか回収できなさそうなのに）、貸付金残高丸々に課税されると無駄な税金を払うことになります。会社が債務超過であるとか銀行がお金を貸してくれないというだけでは、貸付金の評価額を下げることはできません。このような場合は会社に欠損金があることも多いので、放棄するか役員報酬を減額して貸付の回収に回す必要があります。

これは会社でなくても、知り合いにお金を貸している場合でも同じで、「返済を渋っているお父さんの友達」から貸付金を回収するのも子供としては嫌なものです。

●完全所有権でない不動産

貸宅地や借地権などは他人の権利とともに成り立っているため、自分の意思だけでは処分できませんし、担保に入れてお金を借りることも難しいものです。地主と借地権の更新料でトラブルが起きている、地代の改定でもめているなどという話はよく聞きますが、今は沈静化していたとしても売却時に問題が表面化することもあります。もともとは仲の良い者同士

［図1－1］ 欲しくない財産と欲しい財産

欲しくない	欲しい
貸付金	現金預金
貸宅地・借地権	自宅（住宅ローン）
古アパート	ワンルームマンション
同族株式（後継者除く）	上場株式
共有財産	生命保険
タイムシェア住宅	ハワイのコンドミニアム
管理費の高いリゾートマンション	家族でよく使う別荘
建築制限エリアの土地	開発予定地
仮想通貨	家族旅行の思い出

で土地の貸し借りを行っていたとしても、世代が変わり、事情を知らない者同士の話し合いとなった場合は、当然、法律や常識を基に話し合うことになり、「先代から聞いていた話と違う」などという声も聞こえます。

また、古いアパートなどは、入居者からの家賃の回収が難しい、入居者の高齢化に伴う孤独死が心配だとか、修繕費の負担がどんどんかさんでいくので将来が不安だなどといった声をよく聞きます。放っておくと知らぬ間に維持管理コストが資産価値を上回り、「負」動産と化してしまいます。この場合は相続評価額が下がって喜んでいる場合ではありません。

共有不動産も悩みの種です。通常は他人と

の共有はありえませんが、身内だとしても安心していられません。共有相手の経済状態などが変わると態度が一変することもあり、こちらも子供たちの将来の不安材料となるため、親の代で解決しておかなければならない問題です。

●デジタル財産

最近は、「通帳と印鑑」というアナログ財産だけでなく、スマホで口座開設できるネット銀行、ネット証券や電子マネー、仮想通貨で資産形成をする方も増えてきました。年齢的には若い世代が中心ですが、これから急速に増加していくことは確実です。

デジタル財産でも、日本の事業会社であれば、戸籍謄本や印鑑証明を基に解約できますが、海外財産となるとそうはいきません。すべてはIDとパスワードの世界ですので、把握ができていないと、その確認から手続きを始めなければなりません。また、国によって相続手続きが異なりますので、米国のようにプロベート（被相続人の財産はいったんエステートに帰属し、管財人の管理下に置かれて債務の弁済などを終えてから相続人に配分される手続き）が必要な場合など2、3年かかる場合もあります。

いくら運用益が出ていても、相続人に名義変更できなければ意味がありません。また、売却や解約のタイミングが遅れて巨額の損失を被る可能性もあるのです。その資産の運用そのものが問題なのではなく、受け継ぐ側の立場になってパスワード一覧やデジタル財産リストなどを作成し、万全の準備をしておく必要があるということです。それができないなら、さっさと解約しておくべきなのです。

●思い出の品々

著名人が終活で、「収集していたフィギュアを処分しました」とか「友人からの手紙を整理しました」という話を聞きます。親が今まで大切にしまっておいた趣味の収集品など、自分が引き継いだときに捨てていいものかどうか迷う物も多いと思います。私自身も気晴らしにロックバンドで演奏することがあるため、趣味で何本かギターを持っていますが、家族は演奏しないのでネットオークションで売りさばかれる運命なのかとあきらめています。

終活では、「人間関係」「SNSアカウント」「サブスクリプションサービス（有料）」「写真」「自分でかいた書画」「身に付けていた時計」など家族が処分していいのか判断しにくいものは自らの判断で処分しておく必要があります。不動産も同様のことがいえます。

6 税理士が節税よりも大切にすべきこと

「先生、こんにちは。最近、金融機関が主催する相続セミナーに出席してきましたよ」

「そうですか。割と当たり前の話だったでしょう？」

「遺言を書いておかないと大変なことになるって脅かされました」

「その通りではあるんですが、書いていてももめるときはもめますからね」

「もういっそのこと、『私が死んだら全財産を処分して現金で分けてくれ』っていう遺言を書きたいくらいです」

「それはいい考えですね。実際、可能ですよ」

財産は分割前に売却できる？

相続は財産をもらう側も気になりますが、財産を残す側にとっても心配の種が尽きません。「残す財産によっては不公平感が募り、仲のいい子供たちが相続をきっかけに不仲になるのではないか」と悩む親は多いでしょう。もしかしたら節税よりも、分割トラブルを回避することのほうが重要な場合もあるかもしれません。特に、相続税対策を意識しすぎて財産構成が「借入金と不動産だらけ」になってしまった場合は、不公平にならないような分割を行うのが難しくなってきます。

分割協議が終了して不動産を取得した相続人が、納税資金捻出のために自分の判断でその不動産を売却して納税するのはよくある話ですが、「分割が調わないので売却してから分割する」というケースもあります。これを「換価《かんか》分割」といいます。

以前、弁護士から紹介された相続案件で「話し合いがつかないから遺産分割未了のまま売却して、現金化して分けます」と長男のAさんから連絡をもらったことがありました。

しかし、そもそも分割前（相続登記前）に売却できるのか？　つまり、被相続人の名義のまま売却してしまうのか？

司法書士にその点を確認したら「それはできない」という回答でした。そこで再度弁護士に確認すると、「とりあえずAさん名義で相続登記してその不動産を売却したのち、代金をAさんと弟のBさんが等分で分ける」ということでした。この場合、譲渡の申告はどうなるのでしょう。

たとえば、Aさんが相続した後、自分の意思で売却するのであれば、譲渡所得税はAさんが申告納付して終わりです。ただ、Aさん・Bさんで分割するのが前提でとりあえずAさんが相続したのちに譲渡した場合は、Aさん名義での譲渡でもAさんとBさんが2分の1ずつ譲渡したとみなして、それぞれが申告をすることになります。

このとき、遺産分割協議書に「換価分割である旨」を記載しておかないと、Aさんが相続したのちに譲渡し、その代金をBさんに贈与したという扱いになり、相続税と贈与税と所得税がかかることになるので注意が必要です。

ちなみにこの例の場合、Bさんが被相続人と同居していたら、譲渡所得の計算時に「居住用財産の3000万円控除」（第2章7項参照）も使えることになります。

「全部売って現金で分けなさい」は遺言があれば可能

冒頭のケースのように、被相続人が「私が死んだら全財産を売却して現金で相続人に分けてください」という遺言があった場合は、売却して換金する手続きを執行者が行うことになります。売却に伴う譲渡所得が発生し、所得税を納税しなければならないケースも生じますので注意が必要です。

先のケースのように「譲渡（売却）してから分割しよう」というところまでこぎ着ければまだいいのですが、そこまで至らないケースもあります。相続人のうちの１人でも譲渡に反対している場合です。

将来値上がりしそうだとか利回りがいいのでもったいない、という理由での反対ならまだわかりますが、思い出があるとか先祖に申し訳ないといった理由ですと、説得に時間がかかります。人間というのはおかしな生き物で、特に、憎み合うと経済合理性よりも「とにかく相手のやること、なすことを全否定したい」という場合もあります。

このように分割に向けた前向きな議論ができないことが予想される場合には、冒頭の話ではないですが、やはり遺言が必要になってきます。

ですので、もしあなたが「もめない相続」を第一に考えるのであれば、「私に相続が発生したら、全部売却してみんなで分けてください。株も不動産も何もかも全部ね」と宣言（遺言）してしまえば楽になります。こういうやり方であれば、節税対策として不動産を購入していても、分割のときに少しは楽になります。現金で分けられれば、その後相続人が自分の好きな不動産を買うのも自由なのですから。

7「遺言さえあればすべてＯＫ」。そんなわけありません！

「先生、葬儀の際はお世話になりました。あの後、仏壇から夫の遺言が出てきましたので開けてみたんですが……」

「そりゃまずいですよ。本当は裁判所で『検認』を受けなければならないのに」

「え？　チラッと見たらもめそうな内容なので破り捨てようかと思っているんですけど」

「いやいや、それは絶対ダメですよ。ご主人の気持ちを反映しているんですから」

「わかりました。子供たちと話し合ってみます。それにしても主人は私たちのことをなんにもわかっていなかったようで、今さらながらムカツクんです」

「……」

検認不要の「自筆証書遺言」登場

「自筆証書遺言」について説明しましょう。公証役場で有料で公証人に作成してもらう「公正証書遺言」に対し、自筆証書遺言は字の通りすべてを本人が手書きするものです。パソコンや代筆で作成することはNGですが、2019年の民法改正に伴い財産目録だけはパソコン作成が認められています。

自筆証書遺言は無料でいつでも書けるメリットがありますが、発見されないリスクや書き換えられる可能性もないわけではありません。そのため、自筆証書遺言があった場合には、裁判所での「検認」が必要となります。検認とは、相続人に対し遺言の存在およびその内容を知らせるとともに、遺言書の形状、加除訂正の状態、日付、署名など遺言書の内容を明確にして遺言書の偽造・変造を防止するための手続きで、遺言の有効・無効を判断する手続きではありません。

あまりなじみのない言葉でもあり、よく「筆跡が本人のものかどうかの確認」とか「相続人が内容について承認する手続き」と勘違いしている方もいますが、そうではないのです。

また、封印のある遺言書は、家庭裁判所で相続人等の立ち会いの上で開封しなければならないことになっています。家族や配偶者であっても勝手に開けて中を読むというのは許されない行為です。

さらに、翌2020年の改正で「自筆証書遺言を法務局で保管する制度」も始まりました

（図1－2）。自筆証書遺言を法務局が預るという制度で、これにより紛失や偽造の心配もなくなりました。加えて、今まで必要だった裁判所での検認も不要で、各相続人に遺言がある旨の通知もしてくれる便利なサービスです。

よく「遺言さえ書いておけばすべて問題なし」と勘違いしている方がいますが、そうではありません。ほとんどの場合は、遺言があっても、遺言を書いた後の購入や売却などで財産構成が変更され、別途、分割協議が必要になってきます。そのため、「その他の財産は○○へ」と1ミリの隙もない遺言を作成して分割協議の必要がないものにするのですが（信託銀行が遺言信託で作成する場合など）、この場合は調整する余地がないため、不満がある相続人がいる場合、「遺留分侵害額請求」へと進んでしまいます。

「遺言書があれば追い出されずに済んだのに……」

また時々、「みんなで話し合って（子供ではなく）孫に相続させることになりました」という話も聞きますが、これはそんなに簡単な話ではありません。

すでに子供が他界していてその代襲相続人として孫が相続する場合は別として、本来の相続人がいるのに相続人でない孫が財産を取得することはできません。どうしてもそうしたい

［図1－2］　自筆証書遺言を法務局で保管する制度

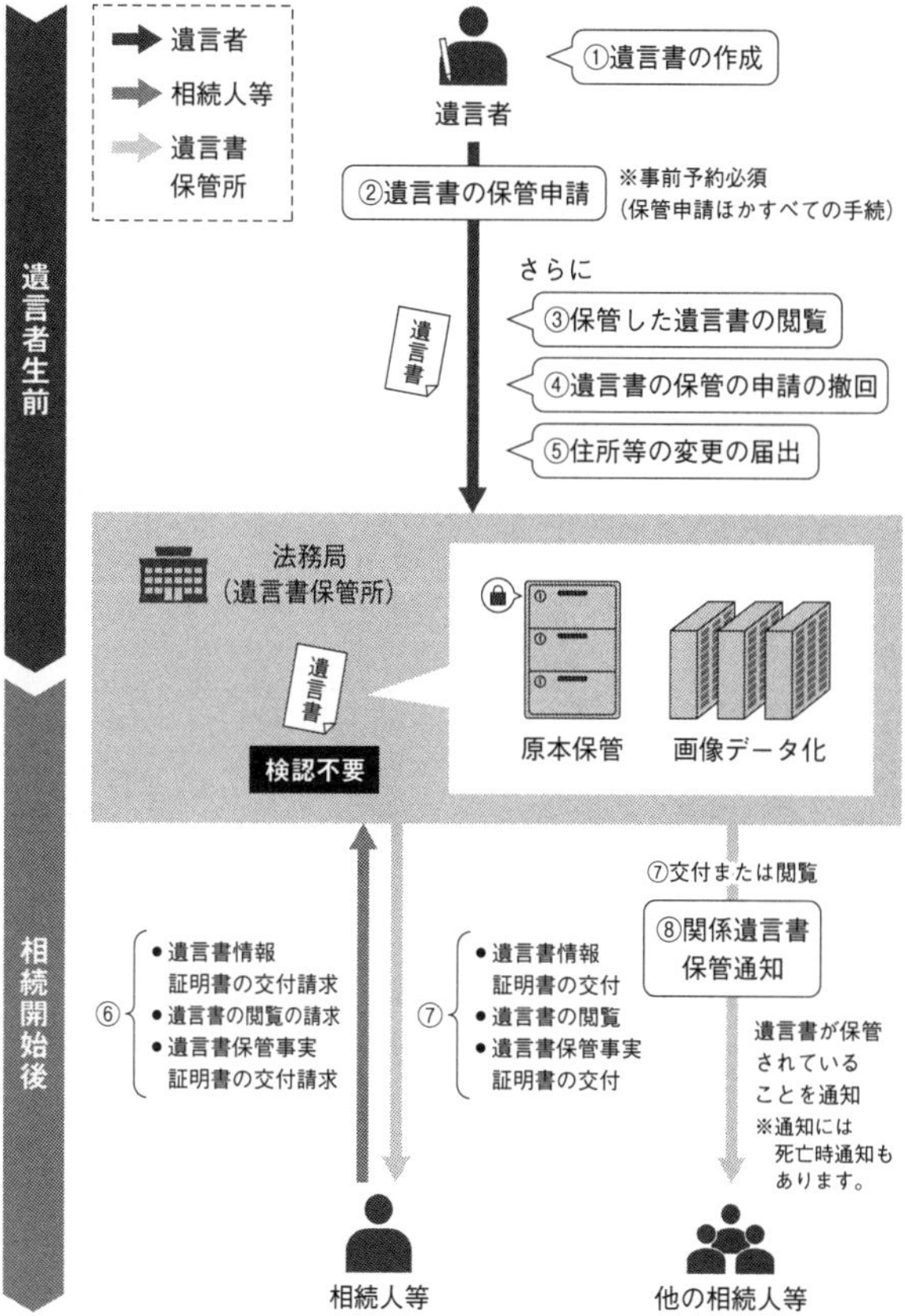

（出所）法務省ホームページより作成

場合は、孫を養子にするか、孫に全額を相続させるという遺言を書くしかないのです。

そうしないと、いったんは子供たちなど相続人が相続して、次に相続人全員から孫Aに贈与するという形になってしまい、相続税と贈与税の両方が発生することになります。

以下はある弁護士さんから聞いた、内縁関係にある80代の男女のケースです。

男性の不動産収入をもとに2人は20年近く同居しており事実婚状態でしたが、亡くなる5年ほど前から男性が認知症を患い、女性に介護してもらっていたそうです。その男性が亡くなり相続が開始したら、男性の子供たちが不動産を相続し、なんとその女性にはほとんど何も渡さずに追い出した、というのです。

相続人以外の親族であれば特別寄与料を受け取れる場合もありますが、民法上の親族に該当しないとその主張もできません。この80代の女性はこれからどうやって生きていくのでしょうか?

相続では、親不孝の子供たちであっても、法定相続人である限り内縁の妻などより優先されてしまうのです。たとえ20年近く同居して介護してくれていた相手でも同じことです。

この男性は、結婚できない何らかの理由があったのなら、遺言だけでも書いておくべきだったのです。税理士としてお客様に遺言作成の提案をすると、だいたいは「重要性は理解していますのでそのうち書きます」という回答です。余命宣告されてからでないと書く気がしないという気持ちはわかりますが、人間、いつ何が起こるかわかりません。特殊な事情がある人はすぐにでも取りかかってほしいものです。

8 借金は親戚中を追ってくる

数年前、私と同年代のお客様から連絡を受けました。

「亡くなった叔父が税金を滞納していたらしく、税務署から私宛てに督促状が届きました」

「叔父さんには家族がいましたか？」

「はい、奥さんと子供が2人います」

「おかしいなぁ、納税義務はその家族が引き継いでいるはずですが……。振り込め詐欺かもしれないので、その書類をファクスしてください」

送られてきた書類は確かに税務署からのもので、そこには「叔父さんの相続人が相続放棄したため、あなたが納税義務を引き継ぎました」という内容の文言がありました。

全員で放棄しないと意味がない

「相続放棄」も、非常に誤解が多いものです。これは、相続人が承継する財産債務の一切を引き継がなくする民法上の手続きをいいます。通常、財産よりも債務が大きい場合は「相続放棄すれば返済しなくてよい」とアドバイスされますが、実はそのアドバイスは完全ではありません。

冒頭のケースでは夫の借金が多額であったため、相続人である妻と子供は放棄したと思われます。だからといって借金や滞納している税金、すなわち債務がこの世から消えるわけではありません。これがもっともよく誤解されている点です。

妻と子供が放棄した場合、債務は血族相続人の第2順位である「父母」が引き継ぐことになります。今回は父母がすでに他界していたため、第3順位である兄弟姉妹、およびその子が引き継ぐことになったのです。

彼らは叔父さんに借金があったこと、家族が相続放棄したことなど何も知らされていなかったため、大騒ぎになりました。「自分の親の借金ならまだしも、叔父さんの未払いの税金！しかも家族がいるのに、われわれが払うなんて」と。

よく聞いてみると相談者の他に、同じ通知を受けていた親戚が7人いたことがわかりました。その後、それぞれが話し合い「自分たちも全員そろって放棄しよう」という結論に達したそうです。

このように、親戚同士が連絡を取り合える状況（仲のいい状態）であれば問題はありません。しかし、通知を受け取った人が個々に放棄をすると、債権者は放棄していない人へ取り立てに行くため、取り残された人が結局は負担することになります。そのため親戚中で「放棄の連鎖」が生じることになるのです。

相続発生を知った日から3カ月以内に放棄しないとダメ？

民法の規定には、「相続放棄は相続があったことを知った日から3カ月以内に裁判所で手続きしなければならない」とあります。

もちろん当事者の妻と子供はこの期限内に手続きを行っていましたが、8人のところへ通知が来たのは相続開始からすでに2年ほど経過したある日のこと。つまり、今度は「すでに放棄できる期限を過ぎているのでは⁉」という疑問が持ち上がったわけです。

民法では「相続開始（死亡）から3カ月以内」ではなく「相続開始があったことを知った日から3カ月以内」となっています。

「じゃ知らなかったフリをすればいいの？」という疑問もあるかと思いますが、まあお待ちを。今回のケースでは叔父さんが亡くなったことは全員知っていましたが、奥さんと子供が相続放棄したことにより、自分たちに相続権（マイナス財産含む）が発生した事実は知らなかったのです。税務署から督促状が届いて初めてこれを知ることになりました。

このように特別の事情がある場合は、督促状が届いた日から3カ月以内であれば相続放棄には十分間に合うのです（最高裁判例昭和59年4月27日）。

相続放棄をしても債務はなくならない

冒頭のアドバイスについて不完全だというのは、自分たちが放棄すればその時点で「債権・債務が消滅する」と勘違いしている方があまりにも多いことです。繰り返しますが、相続放棄をしても債務はなくなりません。血族相続人がいる場合は自分が放棄すると次の順位の人に返済義務が引き継がれるため、内緒で放棄してしまうとその後の親戚付き合いに影響を及ぼすこともあります。

将来のことを考えると、相続放棄をする場合はその旨を関係者全員に説明し、弁護士のアドバイスを受けた上で慎重に進める必要があるといえます。

9 「アパートローンの相続」には落とし穴がいっぱい

数年前、母親と共同でアパート経営をしているお客様から連絡がありました。

「母が亡くなり相続が発生したので銀行にアパートローンの名義変更をお願いしたのですが、このままでは引き継げないといわれました。アパートは私が相続することになっているのに、そんなことがあるのですか?」というのです。

翌日、銀行へ同行して確認したら、「他の相続人に連帯保証人になってもらわないと融資できないかもしれません」と担当者は冷たい返事。

アパートの収益力と相談者の返済能力が問題になったようです。

民法上、債務は法定相続分で引き継ぐことになっている

遺産分割協議の際には財産だけでなく、アパートローンなどの債務も誰が引き継ぐかを決めます。しかし、この取り決めは相続人同士では有効ですが、債権者が承認しなければ意味のないものになってしまいます。債務については民法上、相続人が法定相続分で引き継ぐことになっています。そのため、相続人のうちの特定の人が引き継いで返済するとなると、その人に新規の融資をするのと同様な審査を経て、新しい金銭消費貸借契約を締結することになります。

債務が法定相続分で引き継がれることになっているのは、債権者を保護するためです。たとえば、借金だらけの相続人に債務を押しつけてしまった場合、その相続人はただでさえ返済がきついため、すぐに弁済不能状態に陥ります。その状態で破産してしまえば、計画的に返済を免れることもできてしまうからです。

通常、相続が発生すると銀行は亡くなった人の銀行口座を凍結しますので返済も滞ってしまいますが、預金残高がある場合は引き落としを続ける銀行もあります。あるメガバンクの支店長に「医師や弁護士などの個人事業主に相続が発生して預金が凍結されると、家賃や給与の支払いが滞ってマズいことになるのでは？」と尋ねてみました。答えは「その案件ごとの緊急性や重要性で支店長が判断することになっている」とのことでした。

従来、銀行預金も「可分債権」といって、分割協議を経なくても相続人が法定相続分に応じて取得できるという判例が重視されていましたが、２０１６年12月の最高裁の判決により、分割協議を経なければ名義書換できないことになりました。

しかし、相続発生後には葬儀費用や入院費用の支払いの必要があることから、2019年7月以降は、遺産分割前でも「各相続人が同一の金融機関から最大150万円」を限度に払い戻しができる制度が導入されました。手続きには、被相続人の戸籍謄本、相続人全員の戸籍謄本、払い戻しをする本人の印鑑証明書、本人確認書類があればほかの相続人らの同意書などは必要ありません。

建築当時と現況が大きく乖離

冒頭の相談者の例で銀行が厳しいことをいってきたのは、相談者自身に問題があったわけではありませんでした。

亡くなった母親は、収益力の高い物件や逆に入居率の悪い物件などを複数所有していました。そのうち相談者が母親の遺言により相続することになった物件は、家賃収入だけではローンの返済が困難な「自宅併用アパート」だったのです。

その物件は次のように建築当時と現在の状況が変化していました。

（当初）入居者に人気の新築
　　　　家賃収入で毎月のローン返済ができる
　　　　ローン残高以上の額でいつでも売却できる
（現在）人気のない古いアパートで空室が目立つ
　　　　家賃収入ではローン返済できず
　　　　アパートの価値は下がり担保割れ

このため被相続人は他の物件の収益力や給与収入でこの物件の赤字を補填していた状況だったのです。

これらのことから、相続対策としてアパートローンを活用している場合はローンの組み替えや繰り上げ返済などの対策を講じ、物件ごとに「収益力とローンの返済」「資産価値と借入残高」のバランスを調えておく必要があるといえます。

10 人気の「タワマン節税」。いよいよ封じ込めか？

「先生、銀行から借り入れをすると相続対策になるっていうのはどうしてなんですか？」

「いえ、借り入れをしただけではダメですよ」

「でもよく相続対策の本には書いてありますよ」

「だって借り入れをしたらお金も手元に入ってきて、トントンになっちゃうじゃないですか」

「？」

「借り入れして不動産を購入したら、節税効果が出るということなんですよ」

「ああ、そういうことか！」

不動産評価額と時価には差が

相続対策は「（親族が）もめない対策」「納税資金の対策」「節税対策」の3本柱をバラン

スよく実行しなければなりません。しかしこの3つの柱は相続対策においては相反することが多く、副作用を伴うことも多いのです。

そのため、それぞれの家庭ごとに、「うちは金融資産が少ないから納税資金対策をまず始めなければ……」とか、「うちは相続税はかからなさそうだから、分割面で不公平にならないように気をつけなきゃ」などと、話し合って優先順位を決めてから取り組まなければなりません。

それなのに、世間を見渡すと「相続対策＝節税対策」と思い込んでいる方があまりにも多い気がします。

不動産の相続評価額は一般的に「時価」より低く、有利な金額となっているといわれています。そしてこの時価とは、実は税法で一番難しい概念なのです。

最近ではお寿司屋さんで「時価」と書いてある札を見ることは少なくなりました。ネット社会になり、商品の比較には値段が重要な要素となるため、世の中全体で曖昧な表示が減ってきたのでしょう。お寿司屋さんの場合、仕入れ値が季節によって異なり、あらかじめ値決めできないことや調理に手間がかかるといったことが時価の理由だとすると、「時価とは不安定なもの」と考えることができます。

ものの値段は需要（買い手）と供給（売り手）の力関係で決まります。この点では不動産の時価とは、売れて初めてわかるもの。そのため「今売るとしたらいくら?」という一種の仮定が時価のベースとなっています。

一方、相続税や贈与税の計算をするときに用いるのが「路線価」や「固定資産税評価額」であることは比較的よく知られています。また、これらが時価（今売るとしたらいくら?）よりも低く、納税者にとっては有利なものだということも同様でしょう。

一般に土地の評価に用いられる路線価は時価の80%、建物の評価に用いられる固定資産税評価額は時価の60%くらいといわれています。そのため、資産は現預金で持っているより、そのお金で不動産を購入したほうが評価額が圧縮でき、相続税対策になるのです。

しかし、これは相続「税」対策であって、前述の相続対策の3要素を満たしているとはいえません。

富裕層が行うタワマン節税のカラクリ

これまでに見てきた流れからすると、不動産を購入して土地・建物の相続税評価額を最大限に圧縮するには、購入代金に占める建物比率の高い不動産が狙い目だとなります。その代表格が超高層マンションである「タワーマンション」なのです。

タワーマンションは敷地面積が小さい割に高い建物が立っているため、建物比率が高いのが特徴です。たとえば、50階建てタワーマンションの2LDK（80平方メートル）の物件を購入しても、代金のうち土地の割合はタタミ1畳分くらいにしかなりません（タワマンの節税効果を俗に「タタミ1畳」というのはこの辺からきています）。

建物比率が高いということは評価額全体を抑えることができるため節税効果が高いのですが、行きすぎた節税に対し、2022年に注目すべき最高裁の判決が言い渡されました。

2009年に当時90歳の男性が信託銀行から10億円の融資を受けて14億円でタワーマンションを2つ購入しました。その後の相続税申告で、評価額3・3億円（土地は路線価、建物は固定資産税評価額）で申告します。借入金は債務控除できるため6億円超の債務超過を作り出し、ほかの財産と相殺し「相続税ゼロ」として申告しました。

それに対して札幌南税務署が財産評価基本通達6項を適用し、租税負担の公平を著しく害するとして、不動産鑑定士による鑑定価額を採用して課税したのです。財産評価基本通達6項とは、「この通達の定めによって評価することが著しく不適当と認められる財産の価額は、国税庁長官の指示を受けて評価する。」という規定で、行きすぎた租税回避行為と認められ

[図1－3] マンションの相続税評価額と市場価格の乖離率の推移（全国：平均値）

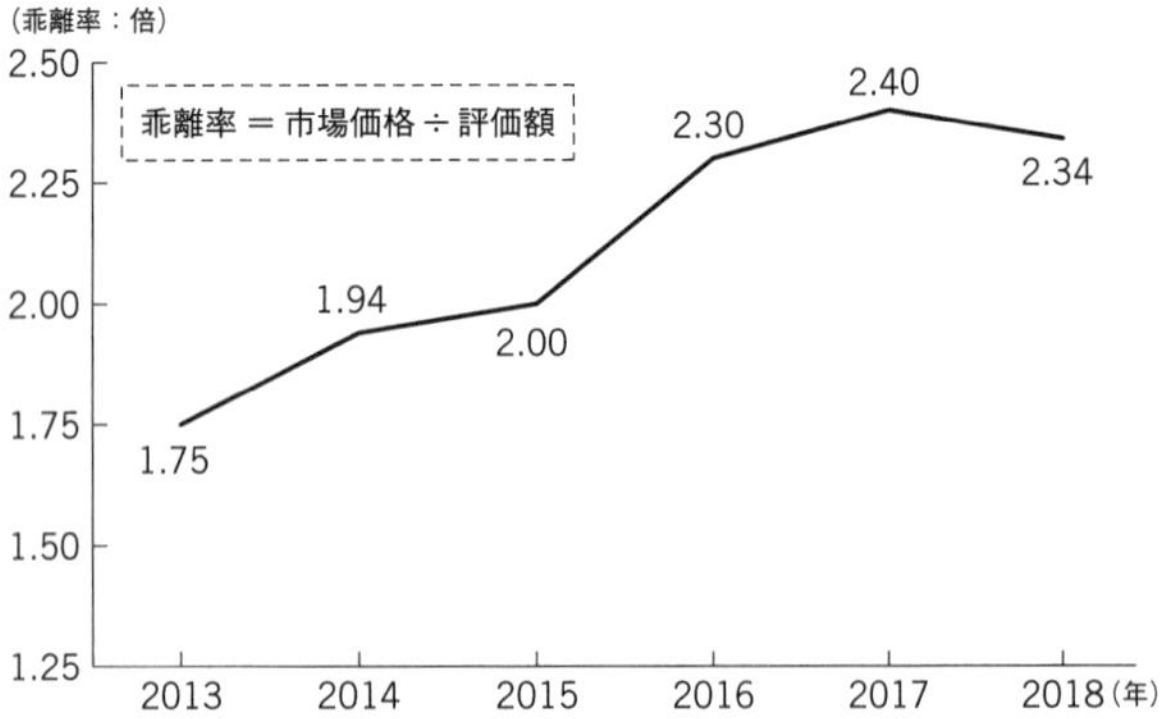

（出所）国税庁

た場合に適用されるものです。裁判の結果、札幌南税務署の主張が認められました。

この判決で「いよいよタワマン節税の封じ込めか」と騒がれました。この方法を積極的に提案する不動産会社、銀行がかなり減っている一方で、税理士業界は「特殊な例」ととらえて「通常のタワマンは大丈夫」と見ている感じがします。銀行の融資の稟議書に「相続対策」として記載されていた点、90歳で多額の借り入れをして行う不動産投資などあまりない事例といえます。

しかし、この判決を受けて国税庁は、マンションに係る財産評価基本通達に関する有識者会議を立ち上げて、「市場売買価格との乖離の実態を踏まえて適正化を検討する」と公表しています。新たな算定ルールは、築年数や階数などにもとづいて「実勢価格」を計算し、評価額を引き上げるというものです。

いずれにせよ、のちのちの課税リスクを生じてまでの過度の節税策は人々に受け入れられない時代が来そうです。

11 「借金は破産しそうな弟に集める!」。これってアリ?

「先生、聞いてください。弟のギャンブル好きにはホトホト困り果ててるんです」

「亡くなったお母様も、弟さんのお金の使い方について心配していましたね」

「それなのに、この間もまたギャンブル仲間の借金の保証人になってしまって……。このままでは破産してしまいますよ」

「なんとか出直してほしいですね」

「今回の親父の相続も、閉鎖する事業の負債が多くて困っているんですよ。いっそ親父の負債を全部弟に引き継いでもらって、そのまま破産してもらいたいほどです!」

「債務については相手があることなので、そうはいかないんですよ」

「相続人同士が遺産分割協議書で決めてもですか?」

「はい」

相続ではマイナス財産も引き継ぐ

相続ではプラス財産だけでなくマイナス財産も引き継ぐ決まりになっています。そのため「親の借金が多すぎるので相続放棄した」という話もよく聞きます。

ただし、債務は相続人である子供（第1順位）が放棄をしてもこの世から消えてなくなるわけではなく、第2順位である親、第3順位である兄弟姉妹に引き継がれるため、事前に親族に話を通しておかなければいけません。

今回は放棄せずに借金を引き継ぐケースであり、「相続人同士で決めた割合が第三者である債権者に対して有効なのか」が問題となります。

民法では「債務は遺産分割協議でどう決めようが遺言でどう指定しようが、法定相続分で引き継がれる」ことになっています。

したがって、冒頭のケースのように相続人の1人に債務を押しつけて自己破産させた場合でも、第三者に対しては無効となり、相続人全員が法定相続分で負担することになります。これは、民法では債務の負担者や割合を調整することで、債権者に不利にならないように扱うことになっているためです。

一方、ここが複雑なのですが、相続人の間で定めた割合は相続人の間では有効です。

したがって、債権者にはそれぞれが法定相続分で弁済し、立て替えた相続人はその後、遺産分割協議で最終的に負担することになった相続人に対して支払い請求をすることになります。

固定資産税、住民税、所得税なども「債務控除」の対象

相続税の課税価格の計算上、債務や葬儀費用は差し引くことができます。これを「債務控除」といいます。

差し引くことのできる債務は「被相続人が死亡したときにあった債務で確実と認められるもの」とされており、連帯保証債務のように「将来発生するかもしれない債務」は対象になりません。またお墓の購入代金の未払い金のように、非課税財産（第2章10項参照）にかかる債務も控除することはできません。

債務というと金融機関からの借入金を思い浮かべますが、それだけではなく被相続人の死亡後に納付期限が到来した固定資産税、住民税、所得税なども控除対象になります。

また、被相続人が入院中に亡くなった場合などは医療費の未払いもあるでしょうから、こ

れも対象になります。所得税法における医療費控除では「支払ったもの」しか認められないので、生前に支払った医療費は所得税の医療費控除、亡くなった後に支払った医療費は相続税の債務控除、でそれぞれ差し引くことになります。

よく「分割協議でもめて弁護士費用が莫大にかかったので、それも控除できますか?」という質問を受けますが、これは相続が発生した「後」に生じた費用ですので債務控除できません。

また、民法では債務について「時効」が定められています。被相続人が抱えていた借金も、すべてが有効ではなく、なかには時効が成立しているケースもありますので、弁護士などの専門家に相談してみるといいでしょう。当然のことですが、時効の成立している債務については債務控除できないので注意が必要です。

なお、債務控除は基本的に日本に居住している相続人に適用されるものですが、外国に居住していても日本国籍を有している一定の人は対象となります。

12 登記のできない自筆遺言。プロはこう切り抜ける

「先生、父の相続の際は大変お世話になりました」

「いえいえ。ところで申告後、財産の名義書き換えも無事に終了しましたか？」

「いやそれが、渋谷の自宅の名義変更がなかなかできなくて……」

「えっ？」

「あの遺言では物件の特定ができない、と登記官に突き返されたんです」

「わかりました。司法書士の先生と一度打ち合わせしましょう」

いずれは遺言もマイナンバーと連動？

遺言により相続人に財産を渡すことを「遺贈」といいます。最近はインターネットで検索すると、遺言の書き方について詳しく紹介しているウェブサイトがたくさん見つかります。自筆証書遺言、公正証書遺言の違いについても以前より情報は豊富にあります。

自筆証書遺言の場合、「書式サンプルをダウンロードして自分のケースに置き換えて文章として完成させ、それを手書きする」というのが一般的な方法でしたが、前述のとおり、2019年1月より自筆証書遺言の作成方法が緩和され、財産目録に関してはパソコンで作成できるようになりました。記載すべき財産が多い場合や変更による書き直しなど、今まではいちいち手書きしなければならなったのでずいぶん楽になったと思います。世の中はデジタル社会に突入していますので、政府もマイナンバーと連動させたデジタル遺言の検討に入ったようです。

遺言は有効、でも登記できない

さて、それでは冒頭のケースはなぜ名義変更できなかったのでしょう。関係者と遺言の内容を整理します。

被相続人　：甲（父親）
相続人　：子A、子B、子C
遺言の内容：孫X（Aの子）に渋谷の自宅を遺贈する

（その他の財産については触れていないため、遺産分割協議で話し合うことになります）

この相続案件は、まず子供3人（A、B、C）の間で「『特別受益額』が不公平だ」ということでもめました。先にも触れましたが、「特別受益額」というのはいわゆる生前贈与をどれだけ受けたかということです。そのため、各相続人がそれぞれ弁護士に依頼して協議を行い、それが長期化していました。

ただ、すでに自筆遺言の裁判所での検認や、遺言に記載されていない財産についての分割協議も終え、後は名義変更を残すのみ、という状態まではきていました。

甲（父親）が所有していた不動産は冒頭のように「渋谷の自宅」しかなく、その物件が孫Xのものになることについては相続人全員、異議はありません。

しかし法務局では、「その不動産が甲のものであるということは登記簿謄本で確認できるし、遺言が成立していることも認める。ただし、この遺言では登記はできない」という回答でした。なぜならば、登記をするためには、以下のように遺言に正確に物件所在地を記載しておかなければならないからです。

●登記簿謄本（登記事項証明書）記載の「不動産の表示」

所　　在　○市○町　○○番地○
家屋番号　○○番○
種　　類　居宅
構　　造　木造スレート葺2階建
床 面 積　1階　○○・○○平方メートル
　　　　　2階　○○・○○平方メートル

口約束でも成立する「死因贈与」に切り替えて対応

こういう書き方が必要なため、法務局としては自筆遺言に書かれていた「渋谷の自宅」では手続きがまったくできないわけです。ですが登記官に指摘されたからといって、今さら自筆遺言に物件所在地を書き込むわけにもいきません。

われわれ税理士や弁護士など専門家の間では、「それでは遺言はなかったということにして、遺産分割協議書に織り込もうか？」という話にもなりました。

しかし、遺言自体はすでに裁判所で検認も受けていますし、いくら相続人同士で合意したからといって遺言がなかったことにはできません。またXは法定相続人でないため、A、B、CからXへの贈与となってしまいます。

次に「今回は子供Aが取得して、次の相続でXに渡すのはどうか」ということも検討しましたが、もめている状況下で、遺言と食い違う内容で話を進めることもできません。

困難な状態でしたが、今回のケースでは被相続人が生前「自宅は孫にあげる」ということを本人や親族に伝えており、孫も了承し、異議を唱える相続人もいませんでした。

そのため、司法書士を通じて登記官に「文書化されていない『死因贈与』が成立しているのではないか」と主張し、相続人全員の同意書を取り付けて、認めてもらいました。死因贈与とは「贈与者の死亡によって効力が発生する贈与契約」で、財産を贈る側、もらう側の合意で成立します。

財産を贈る側の一方的な意思表示である遺言とは異なりますが、税務上はどちらでも同じ扱いです（死因贈与という名称ですが、課税されるのは「相続税」）。

全文手書き、日付がないとNGなどと意外に細かい遺言と違い、死因贈与は基本的に口約束でも成立するなど形式要件が少ないので、死因贈与となれば今回のような名義変更も可能です。弁護士、税理士、司法書士のチームプレーでどうにか切り抜けた案件でした。

13 「この家を継ぐのはお兄ちゃん。おまえには何も残せない」

「先生、聞いてくださいよ。頑固なうちの父の話を」

「今度は何が起きましたか？」

「それが、兄が家を継ぐのだから全財産を兄に渡すっていい出してるんですよ」

「継ぐといってもお宅は事業をされていませんよね？」

「はい、主にお墓のことだと思います」

「お父様はおいくつですか？」

「88歳です」

「というと昭和ヒトケタ生まれ。家督《かとく》相続で育てられた世代ですね」

「なんですか？　その家督相続というのは……」

家督相続はまだ終わっていない？

1898年（明治31年）に制定された旧民法では、「家督相続」が前提でした。家督相続では原則として長男が単独相続することになり、配偶者や他の親族には相続権はありませんでした。今の感覚からいえば信じられない仕組みですが、これは戸主が家を守るという江戸時代からのしきたりが法律化されたものだといわれています。

また、当時の相続は死亡だけが原因ではなく、「隠居」により戸主を引退し、一切の権利義務を長男へ相続させるという方法もありました。「ご隠居」といえばテレビドラマの『水戸黄門』が有名ですが、仕事を辞めたという意味だけでなく、旧民法のもとでは生前相続により引退した人を指す言葉だったのです。

この家督相続制度は1947年（昭和22年）の民法改正で廃止され、法定相続制度が導入されました。これにより配偶者や長男以外の子供にも相続権が与えられ、年齢や男女を問わず均等に財産を分ける「諸子均分《しょしきんぶん》相続」が始まりました。

当初は配偶者が3分の1、子供が3分の2でしたが、1981年（昭和56年）の改正により配偶者が2分の1、子供が2分の1となり現在に至っています。

最近、相続登記をしていないため名義が亡くなった人のままという不動産が急増し、問題となっていますが、1947年以前に開始した相続での不動産を登記する場合は、現在でも家督相続にもとづいて登記する場合があります。

そう考えればある意味、家督相続制度は完全には終わっていないのかもしれません。

親は長男への相続を、子供は法定相続を主張しがち

相続税は「富の再分配」の効果があるとされています。財産の多い人から多く税金を集め、財産の少ない人からは税金を取らないことにより、富が再分配されるという考え方です（これは課税される所得金額が一定額以上となった場合、その超過金額に対してのみ、より高い税率を適用する「超過累進税率」を採用している所得税にもいえるのかもしれません）。

相続税の導入当初は、家系や地位の一切を承継するため、その義務が過大である家督相続に対しては税率が低く設定され、単なる財産取得である遺産相続は税率が高く設定されていました。

相続税と贈与税は2本立てですが、贈与税は相続税法で規定されており、贈与税法という税法は存在しません。

そもそも、生前贈与を繰り返すことにより相続財産を減らして租税回避できることから贈与税が設けられているのであって、「贈与税は相続税の補完税」ともいわれています。

家督相続が改正されてから70年以上もたっている現在でも家督相続を引きずっているケースを見かけるのは、冒頭のケースのようにご自身が家督相続を経験した世代がまだまだ多いからです。私自身もよく親から、「お兄ちゃんが会社を継ぐのだから、おまえには何も残してあげられない。ゼロから頑張りなさい」といわれて育ったのを覚えています（それが税理士資格を取得するきっかけになりました）。

一方では今の時代、子供の頃から自由な生き方が許されるがあまり「親の面倒も見ないし、先祖のお墓も放置する子孫」が多くなり、親世代が安心してあの世にいけなくなっているのも事実です。

家督相続は平等とはいえませんが、本人が生きている間に後継者を決め、財産を分けて引退するのは勇気のいることです。しかし、この仕組みが相続にまつわるもめ事を防止していたのかもしれません。この家督相続世代と法定相続世代の「溝」を埋めるのは、生前のお互いのコミュニケーションしかありません。遺言を開けてビックリということがないよう、日頃の対話が大切なのです。

14 「お母さんにまかせた」では済まない未成年者の相続

「先生、この度は夫の相続でお世話になります」

「○○さんとは大学時代から仲良くさせていただいていたので、残念です」

「子供たちもまだ学生ですので、夫の財産は私がすべて引き継ぎます」

「そうですね、お子様たちを育てるのは大変ですが頑張ってください」

「相続に関する書類を作成していただければ、子供たちに押印させますのでよろしくお願いします」

「でも、未成年の相続はそう簡単にはいかないんですよ」

「ん？　子供たちもお母さんにまかせるっていってますが……」

母と子は一体ではなく利害対立する関係

若くして夫を亡くした場合、残された妻は子育てに大変な思いをされると思います。以前は一般的なビジネスパーソンに相続税は無縁でしたが、2015年の相続税法改正で基礎控除が減額された（3000万円+〈600万円×法定相続人の数〉）ため油断できなくなりました。

大手生命保険会社に勤務していた私の友人も40代で亡くなりましたが、預金1000万円、住宅ローン付きマイホーム、生命保険5000万円、死亡退職金2000万円、親から相続した実家という財産構成であったため、相続税が発生しました。相続人は妻と未成年者の子供（当時19歳）でした。

子供はまだ学生であったため、配偶者だけの単独相続の予定でした。いつものように子供も含めて分割協議書に署名・押印を終えた段階で司法書士に書類を提出したら、「未成年者の場合は特別代理人が必要です」といわれました。

特別代理人は弁護士でなくてもOK

裁判所のホームページによると、次の手続きが必要とされています。

「親権者である父又は母が、その子との間でお互いに利益が相反する行為（これを「利益相反行為」といいます。）をするには、子のために特別代理人を選任することを家庭裁判所に請求しなければなりません。また、同一の親権に服する子の間で利益が相反する行為や、未成年後見人と未成年者の間の利益相反行為についても同様です。」

「利益相反行為とは、例えば、父が死亡した場合に、共同相続人である母と未成年の子が行う遺産分割協議など、未成年者とその法定代理人の間で利害関係が衝突する行為のことです。」

家庭裁判所に提出する書式には、通常は「配偶者」が申立人、「弁護士や税理士、親戚の人など」を特別代理人候補者として記載します。特別代理人は利害関係がない人であれば誰でもよいのですが、よく家庭裁判所から分割協議書のドラフトを求められるので、これを作成できる人でないと対応できません。

この分割協議においては、特別代理人はその子供の権利を守るために法定相続分での分割をベースに手続きを進めることになります。つまり、「配偶者の単独相続」は認められないことになります。そのため、分割協議書では、子供たちに法定相続分程度の財産を与え、配偶者には分割協議が不要な生命保険金を取得する（受取人が配偶者になっていた）ことによりバランスを取りました。

成人になるまで待ってから分割すればいい

特別代理人の選任が必要なのは、分割協議時に未成年の場合です。民法が改正されて2022年4月1日より成年年齢が18歳に変更されたため、現在では分割協議の時点で18歳に達していればいいのです。私の友人のケースでは、子供は19歳（当時の成年年齢は20歳）でしたので、分割協議の日を遅らせて成年になってから分割協議書を作成することにしました。

しかし、相続税の申告期限は相続開始を知ってから10カ月以内となっており、成年年齢に達するまで待つと申告期限に間に合いません。期限までに申告しないと「配偶者の税額軽減」と「小規模宅地等の評価減」の適用ができないため、かなりの納税が生じてしまいます。いったん申告期限内に多額の納税をし、子供が成人に達してから分割協議をして相続税の還付手続きをすることになります。

そこで、期限内申告では法定相続で計算して申告はするが納税はせず（未納の状態）、分割後に還付請求することにしました。最終的に還付されるので、「納付せず還付もしないで差額のみ納税」という手段を取りました（何度も税務署に確認しましたが、ダメではないですが納付して還付請求してくださいといわれましたので、お勧めしませんが）。

未成年者控除が適用できる

相続税の計算上、相続人に未成年者がいた場合は、「未成年者控除」という税額控除を受けることができます。適用対象の未成年者は、日本に住所があることまたは日本国籍のある18歳未満の法定相続人とされており、遺言で財産を取得した孫などは対象となりません（代襲相続人である孫や養子縁組された孫はＯＫ）。

控除額は18歳に達するまでの年数×10万円となっており、控除額が相続税額を上回って控除不足となる場合は、その未成年者の扶養義務者（母親など）の相続税額から控除できることになっています。連続して両親が亡くなった場合などですでに未成年者控除を受けたことがある場合は、控除額が制限されることになっています。

また、その未成年者が障害者であるときは、障害者控除も併せて控除することができます。その場合の障害者控除の額は、その障害者が満85歳になるまでの年数1年につき10万円、特別障害者の場合は1年につき20万円となります。

「子供の将来のために」の親心が……

　未成年の子供がいる場合、相続対策というよりは「親心」で子供名義の積み立てを行う場合があります。

「生活費」と「教育資金」を家庭内で分けて管理したいという場合に、銀行で子供名義の預金を開設し、そこから入学金などを払うという考え方です。金融機関も子供名義で預金取引が始まると、その子供が成人して投資商品の購入や住宅ローンの申し込みなど将来取引につながるため、悪い対応はしないはずです。

　しかし、税務署は未成年者が相続人にいる場合、子供名義の預金が多いと考えているため、相続税の申告書に記載されている銀行支店に照会して「子供名義」の預金の有無を確認します。子供名義の預金が把握された場合、「名義預金として相続財産として加算される」か「生前贈与として相続前贈与の3年分（2024年からは段階的に7年分）を加算する」かになります。

　税務上は名義預金とされても、銀行は「税務署がそういうなら親名義に戻しましょう」とはいってくれません。自分の財産だという意識の強い子供の場合は、「自分のものだから名義変更には応じない」と主張します。また、子供が成人した後は親が勝手に引き出すこともできません。

今後は生前贈与加算の期間が７年となり（２０２４年分の贈与から段階的に）、今までに比べて課税できる期間が大幅に伸びるため、「名義預金」として課税するよりも「生前贈与」として課税する方向に向かうことが考えられます。税務調査でこの話が出たときには、生前贈与として処理してもらうよう交渉すべきだと思います。

15 帰省がチャンス! 親には相続の話をこう切り出そう

夏休みや年末年始の帰省。久々に実家の両親と会うと年々シワが増え、どんどん年を取っていく姿に感じ入るものがある方も多いでしょう。

お互いの近況報告の後は、じっくりと今後(相続)の話をするにはいい機会ではないでしょうか。

子供の立場からどうやって相続の話を切り出したらいいかを考えてみました。

「説得されると拒否してしまう」のが人情

先日、あるセミナーを受講しました。講師はかつて訪問販売や保険のセールスで全国一になるなどの経験を持ち、自らの実績をもとに「営業マン研修」を数多く行っている方です。

この講師によると、セールスの基本は「しゃべることではなく、聞くこと」「説得からでなく同調から」ということです。セミナー中、講師は何度もこのフレーズを繰り返していました。

会計事務所でたとえれば「おたくの見積もりは高いねえ」といわれたら、「いいえ、そんなことありませんよ」と反論するのではなく、「そうかもしれません」から始めなければ相手の心を開くことができないというのです。

最終的には事務所のサービス内容や対応力の違いを理解してもらうにせよ、途中で「なんかこの人に説得されそうだな（同調してくれないな）」と思った瞬間に、人間は心を閉ざしてしまうという話でした。

私はこの話を聞き、相続の話も同じかもしれないと感じました。「お父さん、あのアパートは誰に相続させるの？」「みんながもめないように遺言を書いてよ」と自分の要求ばかり耳元で話しても、「たまに帰省したのにいつもその話か」と拒否されてしまいます。同調することから始めなければならないのです。

親世代が心配なのはお金と孤独

一方、われわれのところに相続対策の相談に来られる方（財産を残す側）の興味・関心はどんなものでしょうか。

おそらく「自分のこれからの生活をまず確保したい」があり、次に「自分の子供たちにもめてほしくない」、事業を行っている経営者であれば「会社をしっかり守ってもらいたい」がくるものでしょう。

よくわれわれ税理士が税額試算をして「こんなに相続税がかかります。対策をしなくては大変ですよ」と伝えても、「だって子供らは苦労しないで財産をもらうんだから、仕方がないですよ」とおっしゃる方が意外に多いのです。

「計画的に生前贈与をしましょう。年間110万円の『基礎控除』（第3章2項参照）の範囲内でやっている場合ではないですよ」と伝えても、「まだいいや」と。これは「説得されると拒否してしまう」のパターンです。

まして子供が「お父さん、このままでは相続税が払えないよ」といっても、「借金がないだけマシだ。自分で考えな」と返されてしまいます。つまり、まずは「自分の老後が心配なんだよ、そこをわかってくれよ」という親の気持ちを察して同調する必要があるのです。

老後、誰の世話にもならずに済むようなお金のある人は別として、老後生活の心配は「寝たきりにでもなったとき生活資金が足りるのか」と「孤独な老人になるのはイヤだ」の2点です。あなたの親御さんは「生前贈与を繰り返したあげく、自分自身の生活資金が足りなくなり、さらにあてにしていた子供たちからも冷たくされたらどうしよう」と考えているのかもしれません。

そうだとしたら、死後の税金問題なんぞを考えている場合ではないはずです。まずは、これからどう一緒に生きていくかの相談に乗ってあげましょう。

「お父さん、来年はいくつになるの？」

足腰の弱ってきた高齢者はちょっとした段差で転んだりするものですが、他にも突然の事故に巻き込まれたり認知症を患ったりしたら、いろいろとお金が必要になってきます。

親に長生きしてもらうためにも、

「どこの銀行に預金しているのか？」

「医療保険や障害保険はどこの保険会社で加入しているのか？」

「利用している証券会社はどこか？」

など、生きるために必要な情報は聞いておく必要があります（これに関しては親御さんの協力も得やすいはずです）。

また、財産に関する情報だけでなく、

「かかりつけのお医者さんはどこ？」
「もしものとき、真っ先に伝えてほしい友達は？」

などを聞いておくのも必要です。財産の預け先がわかればそれを一覧表にできますし、万が一の場合の対応もできます。

ですので、たとえば年末年始の帰省時には「お父さん、ほかでもないけど相続税が……」ではなく「来年はいくつになるの？」と聞いてみましょう。

そこから「ワシももう○○歳だ、早いもんだよ」と親自身も年齢を意識し、「来年は○○がしたい」「元気なうちに○○に行きたい」とやりたいことの話になり、そして「ワシに万一のことがあったら……」と、「生きるため」の話から「死んだら」の話に進むこともよくあるのです。

16 「で、そもそも誰が相続人？」。法務局の親族図証明

「先生、戸籍と印鑑証明は何通必要ですか？」

「印鑑証明は、銀行、法務局、税務署……合計○通ですね」

「戸籍謄本は？」

「1通でいいです」

「えっ？」

「親族図証明で手続きできますから」

手続きが「紙1枚」で済む

「法定相続情報証明制度」とは、法務局が証明してくれる親族図の交付制度のことで、この制度の導入により銀行口座の名義書き換えなどの手間が大幅に簡略化されました。

以前は相続手続きの都度、戸籍謄本や除籍謄本などの分厚い束を何度も金融機関などの窓

口に出さなければならなかったのですが、今は大げさにいえばそれが「紙1枚」で済むようになったのです。

相続の手続きは、相続する権利を確認しなければならないため、売買や贈与に比べてかなり手間がかかります。まず親族図を作ったりして誰が相続人になるかを特定し、被相続人が生まれてから亡くなるまでに住んでいた「すべての市区町村」で戸籍謄本や除籍謄本、住民票を集めて回らなければなりません。

「こんな大変な思いをしてまでこの土地欲しくない」という相続人らが相続登記をしないケースも増え、所有者不明土地問題として深刻な状況となっています。このため2023年4月27日から、相続により取得した土地を国庫に帰属させる制度（相続土地国庫帰属法）がスタートし、要件を満たした場合には、相続人から国が不動産を引き取ってくれることになりました。さらに、今まで任意だった相続登記を2024年4月1日から義務化することになり、相続開始を知った日から3年以内に登記をしないと罰金が課されることになりました。

私自身、今までに何度も相続登記のされていない土地の譲渡の相談を受けました。相続争いになるくらい人気の不動産ならそんなことはないのでしょうが、誰も欲しがらず登記の手間が面倒くさいだけ、という不動産がほとんどでした。相談者の方に、長らく連絡を取っておらず「あんな土地いらないよ」と嫌がる親族からわざわざ印鑑証明やら住民票の写しやらの書類を取り寄せてもらい、大変な思いをした記憶があります。

金融機関には戸籍謄本を読みこなす職人がいる

この制度は相続人（もしくはその代理人である司法書士や税理士）が相続関係の戸籍をもとに親族図を作成し、それを法務局に申請して、内容が正しければ偽造防止措置が施された専用の紙に印刷して交付される、というものです。

冒頭のケースのように、申請すれば親族図そのものを作成・交付してくれると勘違いしている人も多いのですが、そうではありません。

そのため、この手続きは弁護士、司法書士、税理士などの専門家に依頼することになると思います。一般の方が戸籍をもとに一から親族図を作成するのはきわめて難しいからです。

他人の戸籍を取り寄せてみたことがある方ならわかると思いますが、誰と誰がどうつながっているのかは第三者には非常にわかりにくくなっています。自分の家族など、もともと親族関係が頭に入っている状態で戸籍を見るのとはわけが違います。

今後は相続手続きといえば戸籍一式と、この認証された「法定相続情報証明」を何通か司法書士に取り寄せてもらうことになるでしょう。このため一説によると、金融機関側が「戸籍謄本を読みこなして相続人を特定するという〃職人技〃を持った職員を置かなくてもよくなる」というメリットが一番大きいともいわれています。

前述のように相続登記や相続税の申告時には、被相続人の戸籍を生まれたときにさかのぼって連続して取り寄せなければならないため、本籍を転々としている場合などは税理士が相談者の方に「取り寄せ方」を説明するのが一苦労でした。

まず現在の本籍地の戸籍を取り寄せ、本籍がどこかから移転している場合にはその市区町村へ行って取り寄せる。この単純作業の繰り返しなのですが、その人の人生の数十年分ともなると相当な負荷です（実際には郵送による取り寄せも可能です）。

さて、自分自身の戸籍を取り寄せることは誰でも簡単にできますが、自分の配偶者、子供（直系卑属）、親（直系尊属）はどうでしょう。

答えをいえば、これらの人の戸籍は委任状なしに取り寄せることができます。ですから相続が発生した際に戸惑わないように、また、予期せぬ相続人がいたりして慌てることのないように、この機会に親の戸籍を一度取り寄せてみるのもいいでしょう。それもまた相続対策の第一歩です。

［図1－4］「法定相続情報証明」の見本

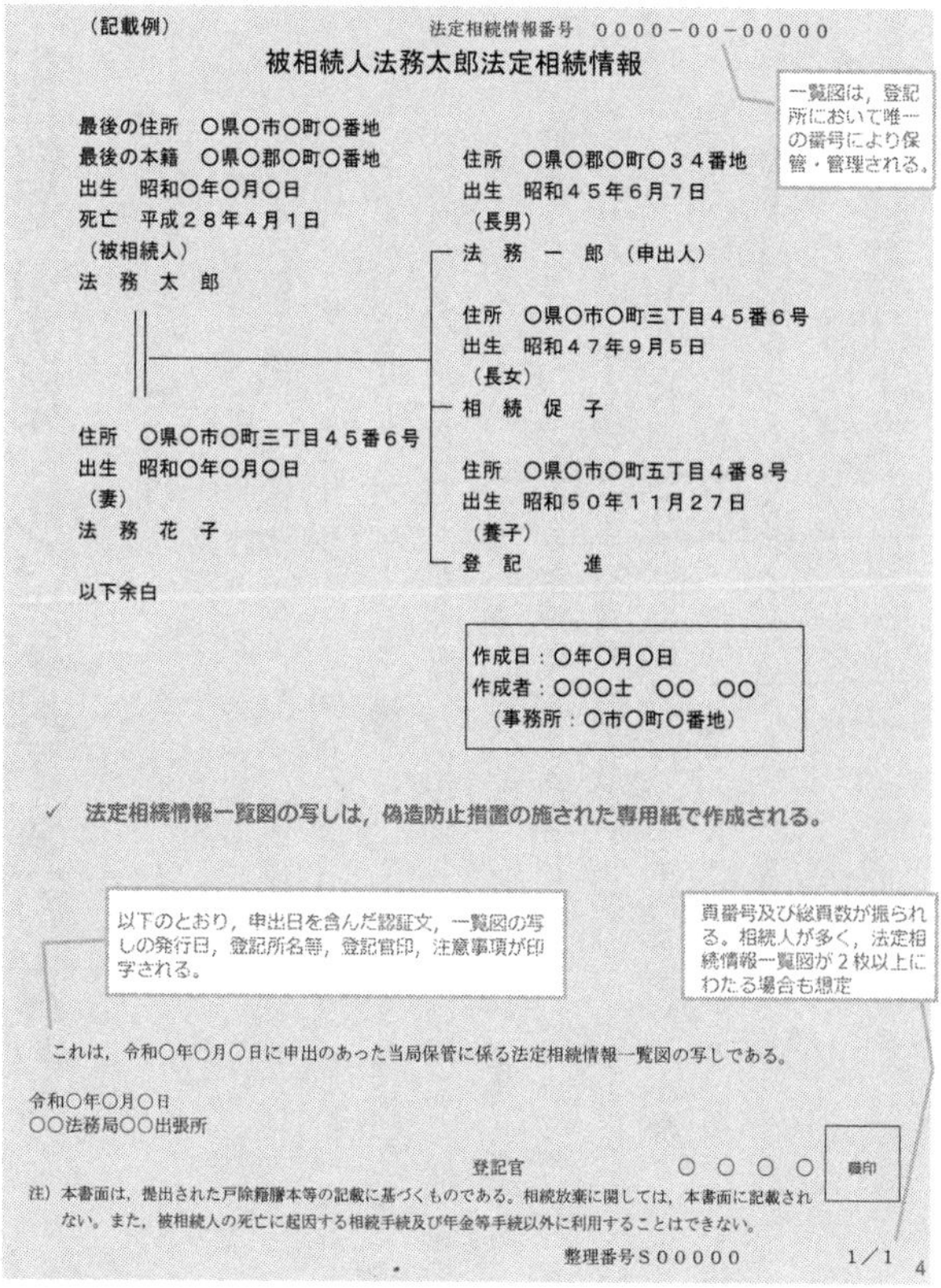

（記載例）　　法定相続情報番号　0000－00－00000

被相続人法務太郎法定相続情報

最後の住所　〇県〇市〇町〇番地
最後の本籍　〇県〇郡〇町〇番地
出生　昭和〇年〇月〇日
死亡　平成２８年４月１日
（被相続人）
法　務　太　郎

住所　〇県〇市〇町三丁目４５番６号
出生　昭和〇年〇月〇日
（妻）
法　務　花　子

以下余白

住所　〇県〇郡〇町〇３４番地
出生　昭和４５年６月７日
（長男）
法　務　一　郎（申出人）

住所　〇県〇市〇町三丁目４５番６号
出生　昭和４７年９月５日
（長女）
相　続　促　子

住所　〇県〇市〇町五丁目４番８号
出生　昭和５０年１１月２７日
（養子）
登　記　　進

一覧図は，登記所において唯一の番号により保管・管理される。

作成日：〇年〇月〇日
作成者：〇〇〇士　〇〇　〇〇
（事務所：〇市〇町〇番地）

✓　法定相続情報一覧図の写しは，偽造防止措置の施された専用紙で作成される。

以下のとおり，申出日を含んだ認証文，一覧図の写しの発行日，登記所名等，登記官印，注意事項が印字される。

頁番号及び総頁数が振られる。相続人が多く，法定相続情報一覧図が２枚以上にわたる場合も想定

これは，令和〇年〇月〇日に申出のあった当局保管に係る法定相続情報一覧図の写しである。

令和〇年〇月〇日
〇〇法務局〇〇出張所

登記官　〇〇〇〇　職印

注）本書面は，提出された戸除籍謄本等の記載に基づくものである。相続放棄に関しては，本書面に記載されない。また，被相続人の死亡に起因する相続手続及び年金等手続以外に利用することはできない。

整理番号Ｓ００００００　１／１

（出所）法務局ホームページ

17 相続対策の第一歩は税理士選びから

ビジネスの世界に「ゼロサムゲーム」という言葉があります。

ここでいうサムとは合計（表計算ソフトの関数のＳＵＭ）を表し、合計がゼロとなるゲーム。つまり、どちらか一方が１００円勝てば、片方が１００円損をするというゲームです。これに対して双方にメリットがある場合はウィンウィンの関係という言い方をします。

１対１で行うゲームはどちらかが勝てばもう一方が負けるものですが、株式投資は誰かが得をすればその分誰かが直接損をするという仕組みではないので、ゼロサムゲームとはいいません。企業も投資家も消費者もそれぞれのメリットがあるので、プラスサムともいわれます。ＦＸ（外国為替証拠金取引）は、企業の長期的成長などとは関係なく市場参加者同士の取り合いになるので、ゼロサムゲームとされることが多いですね。

では、相続はどうでしょう？

「評価額の大きいものを取れば勝ち」とはいえない

相続はパイ（被相続人の全財産）があらかじめ決まっている以上、相続人の誰かが多くもらえば他の誰かの取り分が少なくなるという仕組みになっています。この意味ではゼロサムゲームだといえます。

しかし、単に金額（評価額）の大きいものを取れば勝ちになるというものでもなく、評価額の異なる財産であってもお互いが満足できる結果になることもあるため、ウィンウィンの関係だってあり得るのです。

そのため、「あのときはいろいろ言い合いもしたけれど、後から思えばあの分け方でよかったんだよ」とか「あれは亡くなったお父さんのメッセージだったんだよ」などと、相談者の方から数年後に聞くことは税理士としてはよくある経験なのです。

「先生は一体どちらの味方なんですかっ」

利益相反との関係で複数の相続人からの受任ができない弁護士と異なり、税理士は税額確定のために相続人全員と話し合って調整することになります。いわば相続の仲裁役のような立ち位置になるわけです。

結果、「遺産分割協議に参加して説明（説得）してほしい」とお願いされることが多く、時には敵意むき出しの話し合いにも同席し、意見を求められます。すると何が起こるか?

分割の方法により全体の税額が上下するため何度も計算を繰り返すことも一因なのですが、税法上、もっとも有利な提案をしたとしても、相続人の間で「なんだか専門家に説得されている感」が次第に強まり、「あなたは一体どちらの味方なんですかっ」と迫られることになります。

たまには「これはもうお金の問題ではない！」とか「家族の問題なんですから、他人のあなたは黙っていてください」などといわれてしまうこともあるのです。

私に限らず税理士なら、「税額を最小にするため、よかれと思って提案しているのに……」というところなのですが、わかってもらえないことも多々あるのです。さすがにやるせなくなるときもあり、私自身、辞任したケースもありました。

相続人にとってみれば「自分にとって満足のいく分け方か?」よりも「他の相続人よりよい条件の分け方か?」が重視されることも多いため、あれこれ迷走してしまうのですね。

ここは税法の問題ではなく人間心理の問題なので、専門家といえどもなかなか難しい領域です。

税理士は「かかりつけ医」のような存在

以前、Aさんという相談者の遺族の方から、「この遺言、どうなんでしょうね?」と疑問を投げかけられたことがありました。疑問といっても、遺言自体は生前に信託銀行の遺言コンサルタントの指導のもとで作成していたので法的にも問題なく、一分の隙もないものでした。

隙がないというのは「この財産は○○へ」「その他の財産は□□へ」という感じですべての財産が網羅され記載されているため、遺言以外で話し合う余地がないという意味です。そのため執行はしやすいのですが、融通が利かない内容となっていました。

Aさんの遺言は実のところ、遺言を書いた段階では評価額ベースで各相続人の財産のバランスが取れていたのです。

ですがその後、Aさんはある相続人が承継するはずだった別荘を売却したため、資産における金融資産の割合が増えてしまいました。金融資産は別の相続人が取得することになっていたので、全体のバランスが大きく崩れてしまったのです。

結局、Aさんは別荘の売却によって、自分が遺言で伝えたかった内容と異なる結果になったことに気づくことなく亡くなってしまいました。しかし幸いなことに、相続人全員がその意をくみ取り、話し合いでバランスを取り直すことができました。もし相続人同士の仲が悪かったらこうはいかなかったと思うと、ゾッとします。

一方、定期的な接触のある税理士がこの遺言にもしかかわっていれば、別荘の譲渡申告の際に「資産のバランスが崩れましたが、遺言を書き直しますか？」とAさんにアドバイスできたでしょう。

「何かあったときだけ相談する」のではフォローできるわけがありません。それができるのは、対策実行後も継続的に接触している「かかりつけ医」のような専門家だけなのです。

税理士というと「地味な人」のイメージがありますが、相続の場合、派手なスタンドプレーは必要ありません。長い付き合いのできる税理士にめぐり会うことが重要となるのです。

第2章

本当は怖い「相続税」

1 「とりあえず母さん名義に」で相続税が2倍！

数年前、親戚の叔父が亡くなったときのことです。相続人は叔母と娘3人で、3人とも結婚して家庭を築いていました。

「実はみんなで話し合って、とりあえず全財産を私名義に変更することになったの。あなたは税理士なんだから、手続きを教えてほしいのよ」

「叔母さん、名義変更も大事だけど、相続税のほうは大丈夫？」

「配偶者の税額軽減の制度とかで、私が取得すれば1億6000万円までは相続税がかからないんでしょ？」

「確かにそうだけど、それじゃあ叔母さんの相続のとき（二次相続）の税金が大変だよ。叔母さんもそこそこ財産はあるだろうに」

「いいから、私の相続のことは私が死んでからやってちょうだい！」

「……」

年度や名義を集中させず、極力分散することが鉄則

どうやら叔母の頭の中では今直面している相続（一次相続）だけが大問題になっており、将来（二次相続）の税金の認識がないようでした。しかし、「とりあえず」で進めると相続税が全体では2倍になることもあるのです。これには、2015年の税制改正により影響が大きくなった「二次相続」が関係してきます。

相続税、贈与税、所得税など、個人にかかる税金は「累進課税」の制度を取り入れているため、特定の人に財産が集中したり、特定の年度に所得が集中したりすると税金が大きく増えることになります。それは、財産や所得が増えるとそれに伴って税率も上昇するという累進税率の仕組みから生じるものです。

そのため、「年度や名義を集中させず、極力分散すること」が節税の基本になります。

相続税に関しては、大きく財産組み替えが行われる一次相続（冒頭のような例）での遺産分割がもっとも重要なポイントとなります。ただ、必ずしも夫が先に逝くとは限りませんのであらかじめ夫婦間の財産バランスを調《ととの》えておく必要もあります。

では、夫婦で2分の1ずつバランスよく財産を所有しているケースで、二次相続まで含め

て相続税がどう変わるかを見てみましょう。

家族構成　父（一次相続）、母（二次相続）、子供2人

財産　　父1億円、母1億円

ケース1（図2―1）では冒頭の事例と同じく母親に遺産を100%集中させ、「年度を分散する」「人を分散する」という基本方針の逆を行ってしまっているのがわかります。一次相続での相続税はゼロですが、二次相続でまとめて1人1億円受け取る子供たちの税負担は大きくなり、全体での相続税額は3340万円にもなります。

一方、ケース2（図2―2）は一次相続では母親は遺産を受け取っていません。夫婦間という同一世代間移動をスキップしているという意味では分散型だといえます。子供たちは一次相続で5000万円、二次相続で5000万円ずつ受け取り、それぞれに相続税はかかりますが、まとめて1億円のときに比べれば累進課税の税率は低くなるので全体での相続税額は1400万円で済みます。

少し財産の多い家の例ではありますが、税額は2倍以上違うわけです。

[図2－1]　ケース1：「とりあえず母さん名義に」のパターン

	現状の財産構成	一次相続後の財産構成	一次相続の相続税	二次相続後の財産構成	二次相続の相続税	相続税合計
父	1億円	–	–	–	–	–
母	1億円	**2億円**	0	–	–	–
子A	0	0	0	1億円	1,670万円	1,670万円
子B	0	0	0	1億円	1,670万円	1,670万円
合計			0	2億円	3,340万円	**3,340万円**

[図2－2]　ケース2：子供たちだけで相続するパターン

	現状の財産構成	一次相続後の財産構成	一次相続の相続税	二次相続後の財産構成	二次相続の相続税	相続税合計
父	1億円	–	–	–	–	–
母	1億円	1億円	–	–	–	–
子A	0	**5,000万円**	315万円	1億円	385万円	700万円
子B	0	**5,000万円**	315万円	1億円	385万円	700万円
合計			630万円	2億円	770万円	**1,400万円**

ケースごとに最善策は異なる

ただし、二次相続対策に関しては「基礎控除枠」「累進税率」、次項で説明する「配偶者の税額軽減」「小規模宅地等の評価減」、そして新たに導入された「配偶者居住権」をうまく組み合わせて判断しなければならないので、この2ケースのように単純にはいきません。使えれば評価額が8割減になる特例もあり、影響が大きいので、実際には金額を当てはめてシミュレーションするしかないのです。

また、基礎控除は2015年の相続税改正で大きく引き下げられましたが、これは相続財産が増えたのと同じことになります。さらに、累進課税の仕組み上、相続財産が増えるということは税率を引き上げられたのと同じことになります。そのため、以前にも増して「特定の親族への財産の集中」が高い税負担を呼び込むことになっているのです。

最後にもう1つ。「今回はとりあえずお母さんの名義で」とやってしまうと、親がいる前で子供同士が相続について話し合える最後のチャンスを逃してしまうことにもなります。面倒でも、一次相続のときに現実に向き合うことが大切なのです。

2「基礎控除の範囲内」でも相続税の申告は必要？

「先生、亡くなった夫の預金ですが、名義変更も無事終了しました」

「よかったですね。そういえば相続税の計算はご自分でなされたということですが、どうでしたか？」

「いろいろ工夫して計算したら基礎控除の範囲内でしたので、申告しなくてもよさそうです」

「あれ？　ご自宅は一等地にありましたよね？」

「ええ、でも配偶者である私が取得するので80％減額できまして……」

「小規模宅地等の特例ですね。それなら申告しなければいけませんよ」

「えーっ？　基礎控除の範囲内なのに？」

1億円の土地が2000万円の評価に――「小規模宅地等の評価減」

現行の相続税法では、相続税の基礎控除額は「3000万円＋600万円×法定相続人の数」となっています。残されたのが配偶者と子供2人なら基礎控除額は4800万円ですね。財産評価を行った結果、合計額がこの金額を下回っていれば相続税はかかりませんし、申告も不要です。

しかし、今回のケースのように「小規模宅地等の評価減」などの特例を適用し、結果として基礎控除を下回った場合には期限内に申告をしなければならないのです。ここでは「小規模宅地等の評価減」と「配偶者の税額軽減」の2つの特例を例に見ていきましょう。

まず、「小規模宅地等の評価減」です。これは相続税を軽減する特例の中でももっとも重要で、存在もよく知られているものです。相続する土地が被相続人（亡くなった方）が居住していた宅地、貸宅地、事業をしていた土地などであれば、一定の要件を満たすことで最大80％まで評価を減額できるという制度です。

評価額が1億円でも2000万円として計算できるので節税効果は絶大ですが、要件が複雑なことでも知られています。またこれは、相続後も今までと同じ状況で居住や賃貸している場合（つまり換金していない場合）に適用される制度です。

今回はよくあるケースとして、自宅を相続した場合と貸宅地を相続した場合について説明していきます。図2－3のケースで80％、または50％減額した結果が基礎控除額以下だった

[図2－3]　自宅を相続した場合と賃宅地を相続した場合

用途	居住用	賃貸等
適用面積	330㎡	200㎡
減額割合	80%	50%
特例が適用される取得者の要件	(1) 配偶者……別居の配偶者も含む。相続後すぐに売却しても適用可。 (2) 同居親族……申告期限まで所有し居住していることが条件。法定相続人でない親族が遺言で取得する場合も可。 (3) 別居親族……(1)(2)がいなかった場合に日本に居住している親族が取得する場合。過去に持ち家を持っておらず、3親等内親族やその同族会社所有の家屋に相続開始前3年内に居住したことがない。相続税の申告期限まで所有することが条件。	申告期限まで所有し賃貸していること。法定相続人でない親族が遺言で取得する場合も適用可。

※居住用、賃貸用両方有している場合には合計で530㎡の適用を受けられるわけではなく、面積制限を受けることに留意する。

場合は、前述のように相続税はかかりません。ただ、それは「自動的に非課税になるから申告しなくてもいい」ということではないのです。

ここを誤解されている方が多いのですが、特例を受けるための手続きとして書類なども添付して申告すれば、その結果として非課税で済む、ということなのでお間違えのないように。

1億6000万円まで非課税――「配偶者の税額軽減」

「配偶者の税額軽減」も比較的よく知られている制度です。相続で配偶者が財産を取得した場合に、法定相続分相当額または1億6000万円のいずれか大きいほうの金額までは税金がかからないというものです。

日本では長年連れ添って財産形成に協力してきた配偶者に対しても相続税がかかることになっています。夫の商売をただで手伝ってためたお金は半分妻のもののような気がしますが、ここにも相続税はかかってきます。ただし、実際にはそれを税額控除という形で軽減してあげようという趣旨で設けられています。法定相続分がそうであるように、結婚した翌日に夫が亡くなっても配偶者はこの特例を使うことができます。

●対象者：配偶者（事実婚の場合はＮＧ）
●減額される額：次の（1）と（2）のいずれか大きい金額
（1）1億6000万円　（2）配偶者の法定相続分相当額

この減額を配偶者の税額軽減といいますが、この金額には仮装または隠蔽《いんぺい》された財産は含まれないことになっています。要するに、配偶者が相続税を逃れようとして財産隠しをし、当初申告しなかった財産が後から見つかって修正申告するような場合は、その隠していた財産については減額はなされない、ということです。

これらのように、単純に「基礎控除の範囲内であれば申告しなくてもいい」と思い込んでいると、場合によっては後から税務署に指摘を受けて申告することになります。その場合は加算税や延滞税もかかってきますので、注意が必要です。

3 相続を考えるなら住宅ローンは繰り上げ返済するな！

「住宅ローンはマイナスの資産。手元にお金があるなら一刻も早く繰り上げ返済したほうがいい」。どのマネー誌、ビジネス誌にも書いてあることです。

もちろんこれには一理あり、基本的には正しいのですが、相続という視点から見ると答えはちょっと違ってきます。

私は「住宅ローンはなるべく繰り上げ返済しないほうがいい」と考えています。それが相続人自身が実行できる数少ない納税資金対策だからです。

相続対策の手始めは「納税資金の準備」

一般的に相続対策というと、財産を残す親などが中心となって行うものです。財産を持っている本人が動き出さない限り、周りがいくら騒いでも始まらないからです。

そんな中で、よく「親が相続対策をしてくれなくて……」とか「遺言を書いてほしいって頼んでいるんだけど、なかなか進まなくて……」という話を聞きます。所得税の節税対策はご本人の手取りが増える効果があるためすぐに実行するのですが、相続対策のほうはご本人が相続税を納めるわけではないため、なかなか重い腰を上げようとしないのです。

そして相続対策というと、まず「節税」を思い浮かべるものですが、これは間違い。実は一番初めに行うべきなのは「納税資金の準備」なのです。相続税の納付は財産を取得した相続人が行わなければなりませんが、すぐに現金化しにくい不動産を相続した場合など、手元に納税資金がないと大変なことになります。

一方、納付は必ずしも相続した財産で行う必要はなく、もともと自分がためていた財産で納付してもかまわないのです。逆にいえば、自分で納税資金の準備ができているのであれば、不動産ばかりを相続しても納付で苦労することはないわけです。

そして、実は自分自身で納税資金（流動資産）を増やすのに一番手軽な方法は「住宅ローンの活用」です。

ほとんどの方は自宅を購入する際、頭金を多く入れてなるべくお金を借りずに購入しようとしますが、相続の観点でいえば、仮にお金に余裕があっても住宅ローンを活用すべきなのです。特に超低金利時代には有効な方法です。

住宅ローンは手持ち資金確保の重要手段

たとえば、きょうだい間で遺産分割協議がなかなか調わない場合、ローンによって手元に残った資金が効果を発揮します。

仮に5000万円の土地を兄と弟の2人で分けるとしましょう。このとき、2分の1ずつの取得にしてしまうと将来売却する・しないなどで意見が合わなくなると困るので、兄がその土地を100%取得する代わりに、兄から弟に2500万円のお金を払う分割方法がよく用いられます。

このような分割を「代償分割」といい、弟に払った2500万円に対しては贈与税がかかりません。兄も弟も2500万円の財産を取得したことになり、それぞれが相続税を払えばいいのです。このような場合、兄がマイホームの購入を現金で行っていたら弟に払うお金が足りなくて困りますが、ローンを活用して手元資金を潤沢に持っていれば、そのお金で対応可能です。

ローンを組んだ後も同じこと。「少しお金がたまったから」とすぐに繰り上げ返済する方も多いのですが、返済せずに手持ち資金を残していれば、それも納税資金として使えます。

納税資金が足りなくなってから慌てて住宅ローンを組もうとしても、そうは簡単にいかないのですから。

親にも同じことが……

さらに、住宅ローンの大きな特徴に「団体信用生命保険（団信）により死亡時にローンの負債が消滅すること」があります。通常の借入金ですと、相続が発生した場合には相続人が引き継いで返済しなければならないのですが、住宅ローンの場合は団体信用生命保険の保険金がおりて完済されます。そのため「自分が頑張って住宅ローンを返しておかないと、死後、子供に負の遺産を引き継がせてしまう」という恐れはありません。

自分がローンの返済期間中であり、そろそろ親からの相続が発生しそう（納税資金がいりそう）なら、むしろなるべく繰り上げ返済しないでいたほうが手持ち資金に余裕ができることになります。

同様に、親が自分の住宅ローンを繰り上げ返済しようとしていたら「納税資金のためにも繰り上げ返済せずに、手持ち資金として確保しておいてね」とアドバイスすべきでしょう。

4「領収書1枚」あれば1100万円節税できた!?

「先生、実は相続税が払えそうもないので親から相続した土地を売却しようと思うんですが」

「うーん。まずは他の方法を考えてみましょう」

「なぜですか?」

「相続税を払うために相続財産を売却した場合は、所得税も取られちゃうんですよ」

「えーっ!? それって二重課税じゃないですか?」

相続では「権利証なくしても領収書なくすな」

「相続税」は相続時の価格に対して課税されます。一方、「所得税」は被相続人(例:親など)が購入した金額と相続人(例:子など)が売却した金額の差額(キャピタルゲイン=値上がり益)に対して課税されます。そのため相続税を払う目的で相続財産を売却しても、所得が発生していれば所得税は課税されてしまうのです。

そしてこの相続財産の売却に際しては、購入時の領収書があるかどうかで手取り額が大きく変わってきます。いい例が不動産で、不動産登記が電子化された今、昔のように「権利証」を大切に保管する必要性は薄れてきました。むしろ大切なのは「領収書」なのです。

ではなぜ、領収書がそこまで重要になるのでしょうか。

不動産の売却を例に説明しますが、まず譲渡所得の計算は、その不動産の所有期間によって異なります。所有期間が5年超（長期）の場合と5年以下（短期）の場合では税率が異なり、短期の譲渡にかかる所得税は、長期譲渡にかかる所得税のなんと約2倍となっています。

またややこしいことに、所有期間が5年超かどうかの判定は購入日から譲渡日までの期間ではなく、譲渡した年の1月1日現在で判定します。

「そろそろ大丈夫だろう」とばかり、5年経過したものと勘違いして売却し、確定申告書を作成している最中に短期であることに気づいて「大変だ！」となる方もいらっしゃいますので注意が必要です。譲渡にかかる所得税（住民税含む）は次のように計算します。

長期譲渡の場合：｛譲渡金額－（取得費＋譲渡費用）｝×20・315％

短期譲渡の場合：｛譲渡金額－（取得費＋譲渡費用）｝×39・63％

ここでいう取得費は実際にいくらで買ったか（取得価額）とは異なり、減価償却費を加味して計算した金額です。そのため取得価額よりも低い金額となり、利益が出やすい計算になっています。

問題はここからで、相続で取得した不動産の場合は長い年月が経過しているために、「購入当時の契約書や領収書など、取得価額を示す資料がいくら探しても見当たらない！」というケースがあります。この場合、税務署は譲渡価額のわずか5％しか必要経費として認めてくれません。つまり、領収書がないと税金の計算上、きわめて不利なことになるのです。

Aさん（52歳、会社員）の具体的な例で説明しましょう。

Aさんの父親は78歳で亡くなりましたが、相続開始の10年前に７０００万円で土地建物を購入していました。減価償却費を加味したのちの取得費は６０００万円になります。そしてこの土地建物を、息子のAさんが相続後4年目に1億円で売却したとします。この場合、

領収書がある場合の税額は　（1億円－６０００万円）×20・３１５％＝約８１２万円

領収書がない場合の税額は　1億円×（１００％－５％）×20・３１５％＝約１９２９万円

仮に領収書がなかったとすると、５％しか必要経費を認めてもらえないため、約１１１７万円も多く税金を払うことになってしまうのです。

相続するなら「領収書付き不動産」が理想

領収書に関しては遺産整理をしているときに不要な書類と勘違いして捨ててしまった場合や、どこにしまってあるかわからない場合などがあるでしょう。

しかし、本人が生きている間に確認しておけば何かしらの手がかりを得ることができたはずです。たとえば、当時の不動産仲介業者に資料がないか確認してもらうとか、建設会社から領収書を再発行してもらうといったことです。

Ａさんのケースで生前に父親に確認して取得時の資料をそろえておけば、極端にいえば領収書の紙１枚で約１１００万円もの所得税の節税ができたことになります。

「過去の資料をあらかじめ整理しておく」ことも広い意味での相続対策です。可能なら、今すぐに「お父さん、この家を買ったときの書類はあるの？」と聞いておきましょう。

5 相続した空き家。売れば節税になる？

「先生。相続の件も一段落ついたのでこの際、空き家になっている実家を売却しようと思っているんです」

「譲渡して利益が出ても3000万円までは特別控除で税金がかからない〝空き家税制〟という制度があります。ただ、この税制には『一定期間に売らないとダメ』という期限があるんですよ」

「わかりました、さっそく動きます。思い出もいっぱい詰まっていて手放すのは辛いのですが、節税になるのであれば……」

「うーん。節税というか、資産の流動化ですね」

「え？ 節税ではないんですか？」

「……（お客さんのいうことはわかるけど、税理士の考える節税とギャップがあるなあ……）」

その節税、「銀座で飲むぞ！」のレベルでは？

世の中には「節税」という言葉に弱い方がたくさんいらっしゃいます。

相続の話ではありませんが、たとえば会社の決算で利益が出そうになると、「よし、銀座へ行こう！」といい出す社長さんが多いのです。この社長さんの節税が「税金を払うくらいなら銀座へ行って飲んだほうがマシ」というレベルだとすると、残念ながら目的と手段を取り違えているといわざるを得ません。

仮に銀座で１００万円飲んだら法人税が１００万円減るのなら、社長さんの気持ちもわかります（「ふるさと納税」は一定の上限内ならいくら出しても実質的にはほとんど返ってくるので、これはふるさと納税的な考え方といえます）。しかし、１００万円の支払いをして35万円の法人税が減ったのであれば、65万円の無駄遣いをしたことになります。税理士に限らず、これを節税とは呼べないでしょう。

話を戻して、「空き家税制」についてはどうでしょう。

「いずれは売るけど面倒くさいからまだいいか」と先延ばしにしてきた人にとっては、譲渡所得にそのまま課税されるよりは特別控除を使ったほうが手取り額が増えるので、朗報ではあります。長期保有不動産の譲渡所得の税率は20・315%なので、3000万円の特別控除を使えれば最大で約600万円の〝節税〟にはなります。

ただ、それは空き家税制の効果で前より税金がかかりにくくなったという話であり、相続した実家を売れば、それだけで資産全体にかかる相続税の評価を下げられるわけではありません。

空き家の売却はあくまで資産の流動化ですので、節税とは別物だと思うのです。

「危険な空き家」に認定されると税金は数倍に

空き家と税金については「固定資産税」のことも知っておかなければなりません。

2015年5月から「空き家対策特別措置法」が施行され、固定資産税の扱いが変わりました。これは、著しく劣化が進んでいて、放置しておくと保安上危険となる恐れのある空き家や衛生上有害となる空き家は、自治体から「特定空き家」と認定され、認定された場合には現在与えている税の優遇措置を取り上げる、というものです。

優遇措置とは、200平方メートルまでの住宅用地の固定資産税の評価額が6分の1に軽減されるという特例です（住宅用地の特例措置）。

早い話がこれまでは「仮に空き家でも、住宅が建っている土地は固定資産税が６分の１になる」ということだったので、この特例の適用を受けるために廃屋でも取り壊さず、放置されていたケースも多かったのです。それが空き家対策特別措置法により、空き家のまま放置しておくと固定資産税が何倍にも増えてしまうことになったため、今後は空き家の減少が期待されています。

ただ、空き家であれば即それだけで固定資産税の負担が増えてしまうわけではないので、慌てる必要はありません。優遇措置がなくなるのは、あくまで特定空き家に該当する場合のみです。特定空き家とは、

（1）建物が傾いていて倒壊しそうなものや屋根がはがれ落ちていて落下の危険があるもの
（2）汚物の異臭があるか、ゴミの放置により害獣の繁殖が進んで衛生上問題があるもの
（3）敷地内にゴミが散乱していたり、建物が落書きだらけで景観上問題があるもの

――などを指します。

相続した実家がこれに該当しないよう、最低限のメンテナンスは必要になってきます。

空き家を売った場合の税金は安くなる

政府は譲渡所得税の面からも空き家対策を講じています。それが前述の「空き家税制（空き家の発生を抑制するための特例措置）」です。

空き家が発生するタイミングとしては、実家で一人暮らしをしている親が亡くなって相続が発生した場合が一番多いといわれています。そのため相続により取得した空き家を、一定の要件のもとで譲渡した場合には、譲渡益から3000万円を控除できるようにしたのです。

これについては2016年4月以降の譲渡が対象となり、「特定空き家」かどうかは関係なく、次のような独自の要件が設けられているので確認が必要です。

- 耐震リフォームしてから、もしくは取り壊してからの譲渡であること
- 1981年5月31日以前に建築された一戸建てであること
- 相続開始直前まで被相続人が居住していたこと
- 相続開始日から3年を経過する日の属する年の12月31日までの譲渡であること
- 譲渡代金が1億円以下であること

●相続発生以降、住んだり貸したり事業をしたりしていないこと

また、相続した不動産を相続税の申告期限の翌日以後3年を経過する日までに売却し、かつその不動産について相続税を負担している場合には、譲渡にかかる税額を軽減する制度（取得費加算）があります。

こちらは空き家税制と異なり、建築時期や売却額の制限などはありませんので、併せて検討してみるといいでしょう。

6 相続税の申告は「全員連名」がマスト?

「先生、相続税の申告は必ず『全員連名』って決まってるんでしょうか」

「そうとは限りませんよ。本来は相続人それぞれが申告するのが原則なんですから」

「そうなんですね。実は私、姉ともめてまして、姉は私とは別に申告したいというんです」

「ほう。どうしてですかね」

「どうやら私の知らないところで父から生前贈与を受けていたようで、それを私に隠し通したいようなんです。私はうすうすわかっているんですけど」

「そうですか。それなら……」

本来は別々に申告することに

前述したように、遺産分割には期限がありません。一方、相続税の申告には相続開始（親の死亡など）から10カ月以内という期限があります。申告期限が近づくことにより「そろそろ分割の話し合いをするか」と重い腰を上げるケースが多いのを見ると、相続税申告が分割協議の節目になっているのかもしれません。

通常は、相続税の申告期限までに遺産分割協議を終えて、相続税申告書を「相続人連名で」提出することになりますが、最近は「相続人がそれぞれ別に相続税の申告を提出したい」というケースを見かけるようになってきました。相続税の納税義務者は、相続税法第1条で「相続または遺贈により財産を取得した者」とされています。そして、被相続人や相続人がどこに居住しているかによって、課税される財産の範囲が決まってきます。

また、納税地はそれぞれの相続人の住所地とされており（相続税法第62条）、「同じ所轄税務署（申告書を提出する税務署）に複数相続人がいる場合には1つの申告書に連名で申告することができる」と規定されています。つまり本来、相続人はそれぞれ自分の住所の近くの税務署に申告するが、たまたま近所であれば1つの申告書に連名で申告してもいいよ、というのが原則なのです。

ところが、相続税法の附則で「当分の間、相続税本則にかかわらず被相続人の死亡のときにおける住所地とする」とも規定されているので、それを受けて1つの申告書に全員の連名で申告をするのが通常のパターンになっているのです。

当然、申告書にはそれぞれが取得する財産やその評価額、また分割協議書には載っていない情報なども記載されていますから、相続争いでもめている場合などはこちらの情報が相手側に伝わることを恐れ、「別々の税理士にお願いして、相続人それぞれが個別に相続税の申告をする」というケースも出てくるわけです。

隠しても結局誰も得しない

相続税は被相続人の財産の全体像がつかめなければ計算できません。しかし、他の相続人と情報が共有できていない場合は完璧な財産の把握ができないため、最終的には税務署が間に入って財産の確定をすることになります。

被相続人の残した財産のうち、登記簿謄本（全部事項証明書）や残高証明で確認できる目に見える財産（不動産や金融商品など）は、申告期限の段階で分割が調っていなくても、財産の種類や評価額は確定できます。そのため、わざわざ相続人が別々に申告する必要はなく、「未分割申告」といって法定相続分で分割した扱いで計算すればいいのです。

それでは、申告書を見ることによって相手に知られてしまうマズい情報（？）とはどんなものでしょうか？　主なものとして「生前贈与（3年分。2024年からは段階的に7年分）」

「死亡退職金」「生命保険金」「海外財産でトラストなどに組み込まれている財産」などが挙げられます。これらは日本の民法上の相続財産ではないため、遺産分割協議書に記載されません。そのため、分割協議の段階では隠し通すことができるからです（親族間で隠し通せても税務署には隠せません）。

これらの財産は本来の相続財産ではないため、遺産分割協議書や財産リストには記載されません。過去に贈与があった事実はお互いが黙っていれば他の人には知られずに済みますし、被相続人が特定の子供だけを受取人とした保険に加入していた場合は、相続人が保険会社に請求すれば他の相続人に知られずに保険金を受け取ることもできます。

しかし、このように各相続人が別々に申告した場合は、税務署としては財産確定のため税務調査に入らざるを得なくなります。その上で財産の種類を最大公約数的に把握し、税理士によって異なった評価額を統一する作業を行うための修正申告を伴い、場合によっては加算税なども発生することになります。

税務署の手によってお互いの財産がつまびらかになるため、もめていてお互いに調整がつかない（遺産が未分割）からといって別々に申告をしても、何の意味もありません。税理士に払う費用、税務署に払う加算税・延滞税などがかさむだけで、得することはないのです。

7 親の自宅を売却。相続前後のどちらが有利か？

「父の家の件で相談にうかがいました。実は父もそろそろ年なので、父が一人で住んでいる家をこの先どうするのか考えておかなければならないと思いまして」

「早めの相続準備とは感心ですね。それで？」

「よく、相続後に不動産を譲渡するとそれに対しても譲渡所得税がかかるから、生前に譲渡しておいたほうが節税になるといわれていますよね。あれは本当ですか？　ならば父にもその方向で相談してみようと思うのですが」

「しばしば聞かれる質問です。その答えは……」

所得税の「居住用の特例」vs.相続税の「居住用の特例」

長年住み慣れた家で往生したいと思っている父親に、「お父さん。どうせこの家はお父さんの死んだ後には売ってしまうんだから、生きているうちに早めに売って賃貸に住めば？」

と持ちかけることのできる非情な子供はあまりいないでしょう。

でもこの場合、もし親がＯＫしたら本当にそれが税の面で有利なのでしょうか？

「生前に譲渡しておいたほうが有利だ」と主張する説の根拠は、「生前であれば居住用の３０００万円控除が使える。もし使えなくて納税することになっても、その納税した分、相続財産が減るので相続税対策になる」「遺産分割時にもめないためにも、不動産は現金化しておいたほうがいい」「相続発生後だといい値段で売れない」ということらしいのですが……。

所得税では居住用不動産を譲渡した場合に、２つの有利な特例が設けられています。１つは「居住用財産を譲渡した場合の３０００万円の特別控除の特例」で、もう１つは「居住用財産の軽減税率の特例」です。

前者の「居住用財産の３０００万円控除」とは、自らが居住している家屋とその敷地を譲渡した場合に、譲渡所得の３０００万円を控除して計算するというもの。

後者の「居住用財産の軽減税率」とは、10年以上所有していた居住用不動産を譲渡した場合、非居住用の通常の税率（所得税15・315％＋住民税５％＝20・315％。５年超の場合）ではなく、６０００万円までの部分については軽減税率（所得税10・21％＋住民税４％

＝14・21%）の適用が受けられるというものです。

どちらも居住期間の制限はありませんが、居住していた本人が譲渡した場合のみ認められる制度です。

たとえば、一人暮らしの親に相続が発生し、別居している相続人がその物件を相続したのちに譲渡しても、3000万円控除の特例も軽減税率も使うことはできません。この場合、「生きているうちに譲渡してもらっていたら特例が使えたのに……」ということになります。

一方、親と10年以上同居していた子供が相続でその不動産を取得した後に譲渡した場合は、居住要件を満たしているため「3000万円控除も軽減税率も適用できる」ということになります。ここまでは所得税の話です。

これに対して「相続税の居住用財産の特例」とは、被相続人の自宅の敷地や貸宅地を一定の親族が相続した場合に相続税評価額を最大80%減額できるという制度です。

居住用、事業用、賃貸用の不動産を複数所有している場合は、この「小規模宅地等の評価減の特例」をどう使いこなすかが税理士の腕の見せどころです。なんせ80%も減額できる有効な節税手段なのですから。

ちなみに、先ほどの親と10年以上同居していたケースではこの「小規模宅地等の評価減」

も使えるため、所得税の「居住用の特例」と相続税の「居住用の特例」をダブルで適用できることになります。そうすると、親から相続後に自宅を処分したほうが圧倒的に有利になります。

「親が残りの人生をどこで過ごしたいか」も大切に

所得税の節税を取るか、相続税の節税を取るか。どちらか一方しか使えないとしたら、シミュレーションすることになります。ただし、トータルでの節税額は試算できても、各相続人にとって本当に有利なのかはわかりません。それは、「誰がどの財産を取得するのか」といった分割内容にまで踏み込んで計算しなければならないからです。

もっといえば、相続後に譲渡する場合には「取得費加算の特例（相続税の申告期限から3年以内に譲渡した場合、譲渡資産に対応する相続税を控除できる制度）」や、「空き家税制」なども考慮しなければなりません。さらには、相続物件は古くから引き継いでいるものが多いため取得費が不明で、概算取得費を使わざるを得ない場合も多く、その点もハードルになります。

では、前提条件をつけた上で専門家にシミュレーションしてもらい、その結果の損得で判断するのが正解なのでしょうか。

考え方はいろいろあると思いますが、税額にとんでもない差が出ない限り、最後の親孝行としては「親が残りの人生をどこで過ごしたいか」を優先させてあげたいものです。

8 「路線価」で時価をざっくり押さえておこう

「先生、毎年7月に路線価が公表されて騒ぎになりますよね」

「地域ごとの差が大きくなっていますが、全体で見れば上がっています。路線価をもとに相続税や贈与税の計算をするので、路線価が上昇すると国民の税負担が増えてきます」

「でも、実際に土地が売れてキャッシュ化しているわけではないので、税負担だけ増えても困るんですよね……」

「その通り。売る場合はその土地の個別要素にかなり左右されますからね」

「ところで、私の家の路線価も簡単に調べられるんですか？」

「もちろんです。ネット上で確認できますよ」

相続税・贈与税計算の基礎データ

そもそもこの「路線価」とはどんなもので、何に役立つのでしょうか。

［図2－4］ 実際の路線価図

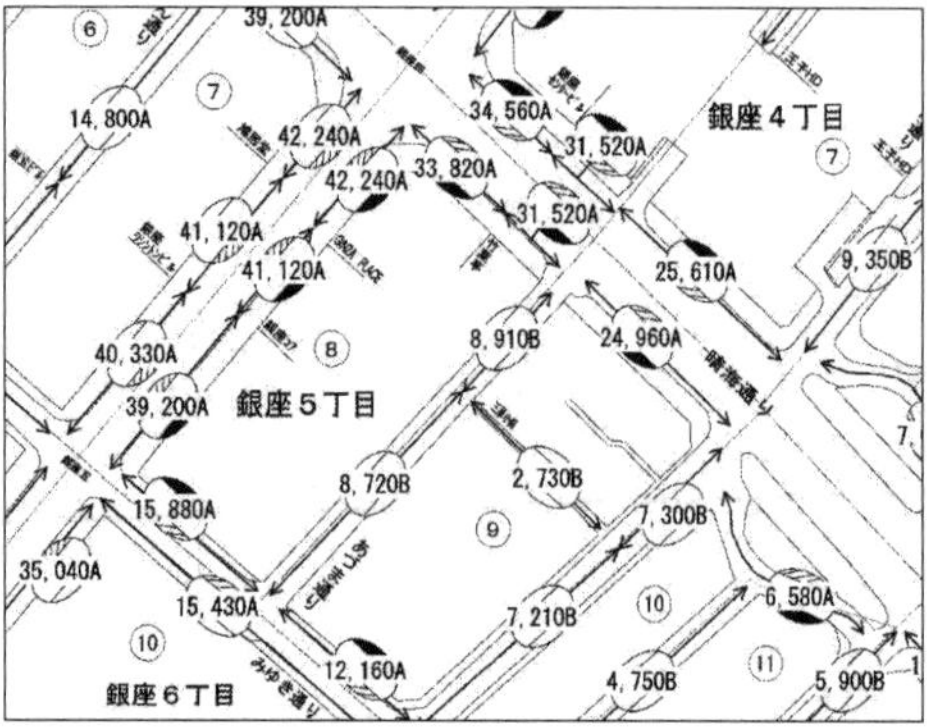

“日本一地価が高い”銀座5丁目周辺の例（2022年7月1日公表。同年1月1日現在の路線価）（出所）国税庁ホームページ

国税庁により全国の道路（一部を除く）につけられた価額を路線価と呼びます。もちろん道路の売買のために設けられた評価ではなく、その道路に面している土地の相続税や贈与税の計算のために用いられるもので、国土交通省土地鑑定委員会が公示する「公示価格」の約8割とされています。

実際の路線価図の一部を載せますが、「４２２４０Ａ」とか「２４９６０Ａ」などとあるのが路線価です（1平方メートル当たりの価格を千円単位で表示、末尾の英字は借地権割合の区分）。

自宅が面する道路に「４００」の表示があれば路線価は40万円ということで、自宅の土地が１５０平方メートルなら評価額は６０００万円です。世間には道路に面していない土地（無道路地）もありますが、この場合も評価ゼロにはならず、近くの道路に面している土地の路線価に一定の調整を加えて算出することになっています。

また、公示価格は全国約2万5000の標準地で評価が行われていますが、路線価は原則として「すべての道路」が対象となっており、公示価格とは別に国税庁が評価をしています。

通常、不動産の売買を行う場合は近隣の売買事例をもとに実勢価格を計算して行いますが、そこに至るまでの間には路線価でおおよそのイメージをつかんで意思決定するケースが多いと思います。税額計算以外にも役立っているということです。

借地でも路線価をもとに税額計算

相続税の計算では、路線価の数字に土地の面積をかけて計算するのですが、土地の形状によっては「減額調整」をする場合があります。たとえば、間口が狭い、奥行きが長い、広大な土地であるなど、そのままでは使いにくいとか道路を引く必要があるといった場合は、その評価額を工夫することにより節税になるため、税理士の腕の差が出るところです。それは新たな申告に限らず、過去の申告を見直すことによってもある程度減額できることがあるため、別の税理士に依頼して「減額更正」を行っているケースも見かけます。

また、他人の土地を借りて、その上に自分で建物を建てて住んでいるような場合は、土地は所有していないが借地権を所有していることになります。この場合は、その土地の路線価に借地権割合を乗じて「借地権の評価額」を計算し、申告します。自分の土地じゃないから相続税は関係ないよ、というわけにはいかないのです。

スマホで簡単に調べられる

パソコンやスマートフォンがあれば、よく報道されるエリアだけでなく、皆さんの自宅の路線価も簡単に調べることができます。国税庁の路線価のウェブサイト「路線価図・評価倍率表」には過去7年分のデータが並んでおり、一番新しいデータは「令和○○年分（最新）」を押すと出てきます。実際の見方については国税庁本体のウェブサイトにわかりやすく説明されています。

「相続なんてだいぶ先だよ」と思っている方も多いでしょうが、そろそろだという方の中には「あらかじめ相続税額を把握しておきたい」「きょうだいで分割する場合のために、だいたいの時価を知っておきたい」「将来売却するときのために財産価値を把握しておきたい」といったニーズは多いと思います。路線価図はそんなときにも役立ちます。もっといえば、路線価はその発表のニュースなどをきっかけに、親と相続について語り合うチャンスでもあります。

9 税理士も間違える⁉「マイナス相続」でも相続税がかかる場合

「先生、父の相続の件ではお世話になっています」

「こちらこそ」

「ただ、前回打ち合わせした分け方で弟に提示したら、これだと余分な税金が発生するから考え直したいというんですよ」

「え？　お父様の相続の場合、財産評価したら財産よりも借入金のほうが大きいのでどんな分け方をしても相続税はかからないはずですよ」

「それが、弟側の税理士が難色を示していまして……」

「うーん、なんでだろう？」

あえて不利な選択をするケース

今回はめったにお目にかかることのないケースです。プロでも間違えるような話で（私もかって間違えました)、かつ理不尽な日本の相続税計算の特徴を示すいい例だと思いますので、皆さんがこの落とし穴に落ちないように披露させていただきます。

相続では「少しでも多く財産をもらいたい」「借入金はなるべく引き継ぎたくない」という相続人同士が主張し合うのが常であり、「僕が借金を多く引き継ぐよ」という奇特な人はなかなかいません。

しかし、相続税の評価額ベースで計算すると、結果的に「あえて不利な選択」をしているように見えるケースもあるのです。

遺産分割協議の際には、税法上の特例を使って評価を下げた後の金額をベースに話し合うわけではなく、売却可能価額などのいわゆる「時価」をもとに分割案リストを作成します。そのため「時価ベースでの分割案」と「相続税評価額ベースでの分割案」には開きが出ることも少なくありません。

被相続人が多額の借り入れをして不動産投資を行っていた場合などは、時価ベースではプラスの財産が上回っているのに相続税評価額ベースでは債務超過となり、相続税がかからないこともあります。

これは、相続税を計算する際には時価よりも安い「路線価」や「固定資産税評価額」を用

［図2－5］　時価と不動産評価額

	時価	相続税評価額
不動産	2億円	1億2,000万円
借入金	1億5,000万円	1億5,000万円
預貯金	7,200万円	7,200万円
差し引き	1億2,200万円	4,200万円
基礎控除後	8,000万円	0円

いることと、相続財産の評価額を最大80％も減らせる「小規模宅地等の特例」により、場合によっては大幅な減額が可能だからです。

このケースに実際の数字を入れて考えてみましょう。相続人は兄と弟の２人ですので基礎控除額は４２００万円（３０００万円＋６００万円×２人）です。

父の生前から兄が不動産経営を手伝っていた関係から、兄のほうが不動産とその購入資金である借入金を引き継ぐことになりました。

ここで、時価ベースでそれぞれの相続財産の額を計算してみます。

兄：２億円－１億５０００万円＝５０００万円
弟：７２００万円

２人均等ではなくとも、まずまずの分け方に見えます。

一方、評価額ベースでは相続財産の額は以下のようになります。

兄：1億2000万円－1億5000万円＝▲3000万円

弟：7200万円

兄はマイナスの財産を引き継ぐことになるので、一見不利に見えます。しかし、家賃収入を使って順調に借入金を返済していけば、いずれは都心の一等地に時価2億円の不動産が残ります。弟も莫大な借り入れを引き継いで不動産経営をするより、「すぐお金が欲しい」ということで合意した内容でした。

「千円未満切り捨て」の深い意味！

よくある勘違いは「被相続人の相続税財産評価をした結果、全体でゼロになったのだから今回は相続税がかからない」→「そもそも相続税がかからないのであれば、どんな分け方をしたっていいじゃないか」というものでした。しかし、実際は違ったのです。

相続税法では「各人の課税価格を千円未満は切り捨てた上でそれを合計する」と規定されています。

ここが最大の問題で、「千円未満切り捨てなんて端数処理の問題じゃないか」とつい思ってしまいますが、この一文をバカにしてはいけません。▲3000万円は千円未満を切り捨てると▲3000万円のままではなく、ゼロになるからです。

すなわちこの例では「兄の相続額は0円＋弟は7200万円＝2人合わせた課税価格は7200万円」とされてしまい、相続税が発生することになってしまうのです。

10　「お墓の形」で相続すれば節税にはなるが……

最近、あるクライアントの社長さんと雑談する中でお墓の話が出ました。その方は地方出身で次男。一人っ子である娘さんに最近お子さんが生まれました。

「社長、お孫さんのご誕生おめでとうございます」

「ありがとう、私もとうとうおじいちゃんだよ」

「何か実感はありますか？」

「そうだなあ。おじいちゃんになったら、急に墓のことを考えるようになっちゃって。先生もたしか次男だったよね。墓は自分で建てるの？」

「はあ。子供の頃から毎年お盆に墓参りしているので、てっきりその墓に入るものと思っていましたが……。確かに分家なので、これから自分の墓を持つことになりますね」

相続税の計算上、お墓は非課税

お墓と税金について考えてみましょう。

まず知っておきたいのは、相続税の計算上は「お墓は非課税」だということです。相続税法第12条には、「次に掲げる財産の価額は、相続税の課税価格に算入しない」として相続税の非課税財産が6項挙げられています。

一　皇室経済法（昭和二十二年法律第4号）第7条（皇位に伴う由緒ある物）の規定により皇位とともに皇嗣が受けた物

二　墓所、霊びよう及び祭具並びにこれらに準ずるもの

三　宗教、慈善、学術その他公益を目的とする事業を行う者で政令で定めるものが相続又は遺贈により取得した財産で当該公益を目的とする事業の用に供することが確実なもの

……といった形で六まで続きます。

最初に皇室の相続について述べられていますのでちょっと寄り道をしますと、皇室が所有

する財産のすべてが非課税となるわけではなく、「皇室経済法」に定義されている財産に限られています。したがって、個人で所有されている別荘や有価証券などは相続税の対象となります。

その結果、現在の上皇様は昭和天皇から約9億円の課税財産を相続し、麴町税務署に4億3000万円の申告納税をされたようです。

立派なお墓を建てても入る人がいない

さて、私たちに関係あるのは二の「墓所、霊廟、祭具」などの非課税です。

お墓は先祖代々継承するものであり、わざわざ相続対策としてお墓を購入するものではありません。しかし、相続税法上の非課税財産として規定されている以上、現金で相続するよりも「お墓の形」で相続すれば節税になるのも事実です。もちろん、だからといっておいそれと建てられるものでもありません。

冒頭の会話のように、これまでの慣習から長男などの承継者が先祖代々のお墓に入り、次男はどちらかというと分家として自分でお墓を準備しなければならない場合が多いと思われます。この場合は、理屈からするとお墓は増えていくことになります。

一方、一人っ子同士が結婚した場合は両方がお墓の継承者に当たるため、片方のお墓には今後誰も入らないことになり、逆に「墓じまい」に至るケースも増えることでしょう。少子化の昨今では、割合としてはこちらのほうが多いかもしれません。

また、最近は「夫と同じ墓に入りたくない」とか「夫の両親と同じ墓に入りたくない」という話もよく聞きます。

こうなると単に「お墓を建てたほうが相続で有利だから」だけではなく、将来にわたってその墓をどうしていくのかをよく考えてからでないと、墓は建てられないといえそうです。なにより「お墓は立派にでき上がったんだけど、カミさんはそこに一緒に入るのを拒んでいる」というのでは、笑い話にもなりません。

５００万円の純金仏像は非課税になる？

なお、相続税法で非課税となっているのはお墓に限らず、仏壇・仏具、神棚などの祭具も含まれます。国税庁のウェブサイトでは「墓地や墓石、仏壇、仏具、神を祭る道具など日常礼拝をしている物」と解説されています。

ただし、これらは実際に購入したものに限られており、「時期が来たらいずれは購入するんだから、墓石屋さんや仏壇屋さんにその分を前払いしておこう」などというのは相続税の対象になります。これらは前払い金という財産（後でキャンセルすれば現金化できる財産）と考えられるからです。

そういえば最近、「純金の仏具をそろえませんか？」という大手貴金属店の広告を目にしました。手のひらに収まるほどの純金の仏像が500万円ほどでした（仏像は金地金《きんじがね》に比べて加工コストがかなり高いということですね）。この話題ではよく純金製のお鈴《りん》も登場します。

相続税法には「純金製のものは祭具と認めない」とは書いてありませんので、理論上は非課税であり、これらを節税目的で購入している方も多いのかもしれません。ただ、問題は国税当局にどう見られるかです。

日常的にそれを使って礼拝しているならまだしも、純金仏具をいくつも買って、「高価だから」「盗難が怖い」と厳重に保管していたのでは国税当局も祭具とは認めてくれないでしょう。もし「転売目的である」と認定されたら、祭具ではなく骨董品として時価課税されるので注意が必要です。

国税庁のウェブサイトにも、「ただし、骨とう的価値があるなど投資の対象となるものや商品として所有しているものは相続税がかかります」と明記されています。

11 「相続税率55％」の本当の意味

「日本の相続税が高いことを理由に海外へ移住する人が増えている」という記事を目にすることがあります。そこには必ず最高税率55％の日本と、香港、シンガポール、カナダ（いずれも日本のような相続税はない）など低税率地域との比較が参考資料として載っています。

確かに、単純に数字だけを見れば55％は非常に高く見えます。しかし、実際は多くの人が「税率」と「税負担率」（税額÷遺産額）を勘違いしているのです。

つまり、税率55％というと、課税財産が1億円ある場合には相続税で5500万円持っていかれるのではないか、という誤解です。日本の相続税の計算はそんなに単純なものではありません。相続税の税額計算はあらゆる税法の中でもっとも複雑なものなのです。

各人の税額を算出し合計して、最後にまた案分

日本の相続税の計算は、財産全体に対して全員で一緒に申告する「遺産課税方式」をとっています。そのため、相続した人が個々に自分の受け取った分を申告するのではなく、被相続人の財産全体について1枚の申告書に相続人全員が署名して申告することになります。

税理士としては、財産評価や遺産分割の調整を乗り越えればホッと一息。その後は相続税申告ソフトを用いて申告書を作成するので作業自体はスムーズに進みますが、実は内側を見ると計算過程は非常に複雑になっています。

【税額計算の順番】

(1) 遺産から基礎控除（3000万円＋600万円×法定相続人の数）を引く
(2) 法定相続分で分割したと仮定して、各人の課税価格を振り分ける
(3) 振り分けられた各人の課税価格に税率をかけて各人の相続税を算出する
(4) 各人の相続税額を合計して相続税の総額を算出する
(5) 実際に相続した金額にもとづき、相続税の総額を案分する

ここで相続税率が登場するのは（３）の段階です。つまり、各人が法定相続分で取得した前提の価格に税率をかけるのであって、被相続人の財産全体の価格に対して税率をかけるのではないのです。

実際に速算表で計算してみると

国税庁のウェブサイトには、相続税の速算表が掲載されています（図２－６）。

この表は、まずそれぞれの財産ゾーンにあてはまる税率をかけて、次に「控除額」を引きます。ここでいう控除額は（１）の基礎控除や税額控除とは異なり、計算ロジック上（いわば速算するため）の控除ですのであまり気にする必要はありません。

具体的に見てみましょう。

たとえば、４０００万円の財産を取得する場合、本来であれば４０００万円を３つに分けて（１０００万円以下の部分、１０００万円超３０００万円以下の部分、３０００万円超５０００万円までの部分に区分して）、それぞれ10％、15％、20％の税率をかけて足し上げるのですが、非常に面倒ですよね。なので、これを速算するための「控除額」なのです。贈

［図2－6］　相続税の速算表

法定相続分に応ずる取得金額	税率	控除額
1,000万円以下	10%	－
3,000万円以下	15%	50万円
5,000万円以下	20%	200万円
1億円以下	30%	700万円
2億円以下	40%	1,700万円
3億円以下	45%	2,700万円
6億円以下	50%	4,200万円
6億円超	55%	7,200万円

与税や所得税にも同じような税率表（速算表）があります。

さて、計算がわかったところで表を見ると、6億円超の部分の税率（最高税率）は55%となっています。

仮に相続人が1人で7億円の財産を相続したとしたら、相続税は（7億円－基礎控除3600万円）×55%－7200万円＝2億9320万円となります。これが7億円に対して何%に当たるかというと2億9320万円÷7億円＝41・8%です。この数字が税負担率といわれるものですが、55%に比べればだいぶ小さいのに気づくでしょう。

以上のことから、基礎控除や税額計算プロセスが違う諸外国と税率だけを単純に比較しても意味がないことがわかります。

税理士泣かせの一言――「この場で試算してください」

相続税対策で税額を試算する場合、税理士はその場では計算せずに、あらかじめお預かりした資料をもとに試算してお客様に説明をします。これは計算ロジックが複雑で、誤った試算をしたらお客様に迷惑をかけてしまうからです。

しかし現場では、説明の途中で「先生、やっぱり預金は3000万円ではなくて8000万円で試算してください」といった訂正が入ることもよくあります。それは、「子供は親の正確な預金残高を把握していない」ことや、「親は子供に財産を少なめに伝える傾向がある」からです。こういったときの現場での試算のやり直しは神経を使うため、われわれ税理士は本当に困ってしまいます。

さて最近は、概算でよければ個人でも相続税の計算が簡単にできるようになりました。大手税理士法人のウェブサイトなどでシミュレーションできるため、参考にしてみてください。

12 憧れのハワイで不動産。相続時はどこの税法で計算？

以前ハワイで行った筆者の相続セミナーでのことです。

「ALOHA！　先生、憧れのコンドミニアムを購入しようと思ってハワイに来ました」

「いいですねえ、移住でもするんですか？」

「使い道は後からゆっくり考えます（笑）。ところで、こちらでは不動産は共有名義で買うのがいいと勧められましたが……」

「相続手続きを考えてのアドバイスですね。しかし、あなたがお金を出して奥様との共有名義にするんですから、日本で贈与税がかかってしまいますよ」

「え？」

「大丈夫です。方法はいくつかありますから、購入の申し込みだけ済ませて名義のことは日本に帰ってからゆっくり検討しましょう」

重要なのは現地の法律と日本の税務

ここ数年、海外投資の税金に関する質問が増えてきました。

今までは海外投資というと、いくら利回りがよくても手続きを英語でしなければならないこと（それに購入時は皆親切でも、売却時にはその担当者はいないかもしれないし）や、日本円に戻したときの為替リスクを考えて消極的な方が多かったのですが、最近は考え方が変わってきたように感じます。

円安になれば海外投資に手を出しづらくなりますが、逆に円預金中心の財産構成だと海外旅行すら行けないということに気づき始め、複数の通貨で資産を保有してリスクを分散するという考え方（ポートフォリオ理論）が根付いてきたともいえます。

為替リスクについては「ずっとドルのまま運用し続ければ関係ない」「円高になってもドルで買い物をすれば損はしない」「いつかハワイに移住するかもしれない」などと、割り切る方が増えてきているのも事実です。いちいち円転するから為替差損益を意識しなければならないわけで、これはもっともな理屈です。

最近急増しているハワイの不動産投資を例に取ってみると、購入時に注意しなければならないポイントとして「取得名義」が挙げられます。

日本国内で不動産を購入する場合、お金を出す人と不動産の名義人が異なればそこに贈与税が発生しますが、そのことはほとんどの方が理解されています。そのため、住宅を購入する際には、頭金（親からの贈与を含む）をどうするかやローン名義（とその返済）を慎重に考えて決定するのです。

ところが、ハワイで不動産を購入するときには日本の税法のことはすっかり忘れてしまい、夫婦共有名義で購入して、後で税務署から指摘を受けたりする人が実に多いのです。

米国では相続の開始に際して、「プロベート」という日本にはない手続きが必要になります。これは、被相続人の財産が一時的に凍結されて、管財人（弁護士）により財産債務の確定や相続税の納税が行われたのちに相続人名義に変更するというもので、1年から1年半ほどかかります。

そこで、米国の居住者はこれを回避するために「ジョイントテナンシー」（合有財産権）、「トラスト」（日本でいう信託）、「LLC」（合同会社と訳されるが、税務上は日本の合同会社とはまったく別物）などの名義で取得するのです。

要するに「米国ではこれが当たり前ですよ」と購入時に現地でアドバイスを受けると、日本の税法のことはすっかり忘れて米国流に登記を進めてしまうのでしょう。

いくらハワイの不動産だからといっても所有者が日本の居住者であれば、相続に際しては日本の相続税や贈与税が適用されてしまうのです。これは、ハワイに限らず世界のどこの国の不動産であっても原則的に同じです。

専門家の知識も実は曖昧

面倒なプロベートを回避する方法として、実はこれ以外の方法もあります。単独所有にした上で死因贈与登記を行う方法で「TOD（Transfer on Death）」と呼ばれます。

死因贈与とは「私が死んだら○○（名前）へ贈与する」という契約であり、日本でもこれと同じ手続きに「死因贈与の仮登記」というものがあります。

このTODはハワイ州では2012年から導入されていますが、米国居住者は夫婦間の贈与課税がないため、わざわざこの制度を使うことはありません。しかし、日本の居住者にとって、手続きが簡単で費用もさほどかからないことから、プロベート対策としてのTODは最近よく活用されています。ただ、ここ最近は、米国不動産の値上がりと円安の影響でハワイの不動産購入の相談の件数は減ってきています。

今後は、売却や相続が発生した場合の税務（それも現地と日本の両方）、さらに税務以外の手続きに関しても両方の国のアドバイスが受けられる状態を確保しておかなければなりません。そうでなければ残された家族は誰に相談すればいいのかわからずに困ってしまうでしょう。

せっかく購入した常夏の楽園のコンドミニアムが、「お父さん、なんでこんな面倒くさいもの買ったんだろう」といわれないためにも、残される人たちへの準備は万全にしておくことが大切です。

13 海外に移住した子供の相続税は？ 進む節税封じ！

「先生、実は息子が農業ビジネスをするためにブラジルに移住することになったんです」

「大学時代から興味をお持ちのようでしたからね」

「本人は親の遺産とか興味ないみたいで、『何もいらないから』といっていました」

「弟さんや妹さんに申し訳ないと思っているのでしょうね」

「で、そもそも国外に移住する息子は相続権を失うんですか？」

「いいえ、そんなことはありませんよ。財産を引き継げば日本の相続税もかかってきますし」

「あら？　何か複雑なことになりそうですね」

外国籍の相続人も扱いは同じ

日本の民法では、被相続人が日本人であれば、配偶者や子供（養子や外国で生まれた場合も含む）などの相続人が外国籍であっても、日本の法律にもとづいて相続手続きを行うと規定しています。

今回のケースは親子ともに日本国籍で外国に移住する息子の話ですので、ブラジルに移住してももちろん被相続人の権利義務を引き継ぐことになります。その後、仮に息子が日本国籍を放棄して外国籍を取得したとしても、被相続人が日本人という点は変わらないので、やはり日本の法律にもとづいて相続手続きが行われることになります。

実際に相続が発生したときには「分割協議」を行って誰がどの財産を取得するかを話し合い、合意したら「遺産分割協議書」を作成して、全員が署名・押印する必要があります。その場合、海外に居住している相続人にも連絡を取って印鑑証明（サイン証明）をそろえてもらい、他の相続人と同じ手続きをしなければならないということです。

ただし、米国のように「相続手続きは相続財産の所在地の国の法律に従う」という国もあります。そのため、日本の被相続人がハワイに不動産を所有していた場合などは、米国の法律にもとづいて不動産の所有権移転手続きをすることになります。

こういう場合に、日本での分割協議書や遺言と、ハワイでの相続手続き（前項で説明した日本にはないプロベート、ジョイントテナンシー、トラストなど）のどちらが優先されるのでしょうか。

ケースバイケースではありますが、ハワイでジョイント名義にしている場合は、私法上の相続財産を構成しない（ジョイントが優先される）という判例があります（東京高裁２０１４年11月20日）。これは、現地での手続きで相続人に財産が移転するので日本で分割協議や遺留分の計算には含めないで相続手続きできるという意味で、「相続税の対象外」ということではありません。

巨額贈与が契機、海外節税はほぼ完全に封じ込め

海外相続については時代とともに変わってきている部分もあります。

私が相続税法を勉強していた１９８５年当時は、「相続人が国内居住か海外居住か」だけで課税財産の範囲が決まっていました。子供がどこに住んでいるかが重要で、海外居住であれば日本にある財産のみが日本の相続税の対象になり、国内居住であれば世界中の財産に対して日本の相続税がかかりました。

言い換えれば、子供を海外に住まわせておけば、全財産のうち一部（日本にある財産）に相続税がかかるだけで済むということです。

これは贈与税にも同じことがいえたため、子供を海外に居住させた上で海外財産を贈与して、日本の贈与税を免れるという手法がこの頃流行しました。有名なのは1999年頃から世間の注目を集めた「武富士税務訴訟」です。この訴訟では受贈者（贈与を受けた側、武富士前会長夫妻の長男）の居住地が問題となり、東京高裁では「贈与時、実際には日本に住んでいた」とされ、1300億円もの追徴課税がなされました。

しかし、最高裁の逆転判決で「香港に住んでいた」と認定され、追徴課税は取り消されて、逆に国側が還付加算金400億円を含む2000億円を長男に支払うという、きわめて異例の結末になりました。個人への還付額としては過去最高といわれています。

その後、2011～2013年に外国籍の孫に対する5億円の贈与をめぐって「課税逃れではないか」と争われた「中央出版事件」を経て、受贈者が外国籍であっても、国外財産も含めて日本の相続税・贈与税の対象となるようになりました。

この2つの巨額贈与事件により税制改正がなされ、現在は「被相続人が日本に住所を有していれば、相続人がたとえ海外に何年居住していても日本国籍を失っても、世界中の財産に対して日本の相続税を課税する」という扱いになっています。

つまり、国外財産について相続税や贈与税をかからなくするためには親が日本にいてはダメで、親子そろって海外に移住しなければならなくなったのです。

それでも相続税や贈与税がない香港、シンガポールなどに財産を移し、親子で住むことで節税を狙う富裕層が後を絶ちませんでした。以前の規制は「5年縛り」で、「親子がともに5年を超えて国外に住んでいれば、国外財産は課税対象から外す」と比較的緩かったからです。

2017年4月からこれが「10年縛り」に強化され、親子ともに海外に10年を超えて住んでいるのでなければ、現地の財産にも日本の相続税や贈与税がかかるようになりました。つまり、節税目的の移住はほぼ完全に封じ込められたのです。

国内財産には日本の相続税がかかる

ただし、これらは「国外財産」について日本の相続税・贈与税がかかるかどうかの話であって、「国内財産」については別です。親子でシンガポールに移住してたとえ何十年たっても、国内財産には日本の相続税がかかります。

14 大物作家の相続は大変！ 相続税・所得税で二重課税？

私「みんな、今日は昭和歌謡でも歌いに行こう」

職員「何年か前、昭和のヒットメーカー（作曲家）が次々と亡くなりましたね」

私「日本では個人の著作権は死後70年保護されるらしいから、その間私がカラオケで歌えば相続人にその分印税が入ってくるんだよ。まあ、印税にももちろん所得税はかかるけどね」

職員「でも、その印税を受け取る権利（著作権）にも相続税はかかるんですよね？」

私「そう」

職員「ということは著作権に対して相続税がかかり、さらに印税を受け取った際に所得税がかかるということですか？」

私「そうだよ」

職員「……それって二重課税じゃないんですか？」

「夢の印税生活」とはいうものの……

皆さんもよくご存じの通り「印税」とは税金のことではなく、著作権使用料のことをいいます。一般に「印税ががっぽり入った」といえば、レコード会社や出版社から著作権使用料を多く受け取ったという意味です。

通常、著作者とレコード会社や出版社は著作権使用料についての契約を交わしており、たとえば本が1冊売れたら価格の10％とか、ＣＤが1枚売れたら価格の5％といった額が支払われることになっています。

このパーセンテージは著作者と版元との力関係や経済状況、会社によって異なっていて、ある出版社に勤める知人によれば、「出版不況の昨今、ビジネス書の印税は5％から始まる人もいる。少し売れたら7％といった感じで、10％契約の著者は一部のビッグネームに限られる」とのことでした。

1200円のソフトカバーの本で印税が仮に5％なら、初版5000部という昨今では多めの部数を刷っても収入は30万円。「夢の印税生活」とはほど遠い、割と厳しい数字です。

印税と著作権の税制上の扱いは

さて、サラリーマンが本業以外の原稿料や印税を受け取ったときは、「雑所得」として必要経費を控除した上で確定申告をしますが、一定の要件のもとで年間の雑所得が20万円未満の場合は申告不要となっています。

プロの作詞家・作曲家の場合は規模的に「事業所得」として申告しますが、基本になる計算式は同じです。ただ、音楽の場合は作品によって当たりはずれが大きいため、過去の所得平均を大きく超えたときに使える「平均課税」によって有利に計算することもできます。

また、著作権を相続した場合には、将来にわたって印税を受け取る権利である「著作権」を財産評価して、相続財産として課税されることになります。当然、民法上の相続財産でもあるため「遺産分割協議書」の対象となり、相続人への名義変更（権利者変更）も行われることになります。

そうなると、評価額が実際にはどの程度になるのかが気になるところですが、国税庁の「相続税財産評価に関する基本通達」によると、計算式は、過去3年の平均印税収入の額×0・5×評価倍率（基準年利率による複利年金現価率）となっており、評価倍率はその作品の予想収入期間をもとに個別に計算することになります。

仮に1億8000万円の印税が向こう10年間続くと仮定した場合、評価額は約6億8000万円、といったところでしょうか。

学者間でも意見が分かれる二重課税

問題は冒頭の会話のように、こういう場合は二重課税に当たるのかどうかです。

印税収入を受け取る権利に対して相続税が課税され、さらにその権利から生じた収益に対しても所得税が課税されるので、二重課税とも考えられますが、実はこのようなケースは他にもたくさんあります。

●「土地」を相続して相続税が課税され、一度そこまでの値上がり益に対して課税されているのにその後売却したら所得税の対象となる。

●年金形式で受け取る生命保険金について、相続時には「定期金に関する権利」として相続税が課税されているのに、年金を受け取るつど所得税の対象となる（これに関しては最高裁で「二重課税だ」として課税を取り消された例がある）。
●定期預金については、相続時点で解約した場合の利息（既経過利息）を含めた金額で相続税が課税されているのに、利息を受け取った段階で所得税の対象となる。

実はこの「二重課税かどうか」の議論は解釈が難しく、学者の間でも見解が分かれるところなのですが、現行の税法ではこのように定められている以上、自分の解釈で無申告とするわけにはいかないのです。

ただし、前述のように裁判で課税が取り消された例もありますので、悩んだら専門家に相談してみましょう。

15 父親が民泊を行っていた家屋。相続時の評価は？

「先生、聞いてください。父が実家の離れを民泊にして運用しているようでして……」

「お父様は面倒見がいいから宿泊者から喜ばれているんでしょうね」

「ところで、父はこの民泊で毎月10万円ほど収入があるようなんですが、税務署に申告しなければならないんですか？」

「もちろんです」

「では、相続の際には賃貸用の不動産として、評価額を減額する特例は使えますか？」

民泊の収入は雑所得として申告

国税庁は、よくある税の疑問に回答するウェブサイト「タックスアンサー」で、民泊にかかる収入の扱いを明らかにしています。そこには、「個人が空き部屋などを有料で旅行者に宿泊させるいわゆる『民泊』は、一般的に、利用者の安全管理や衛生管理、また、一定程度の観光サービスの提供等を伴うものですので、単なる不動産賃貸とは異なり、その所得は、不動産所得ではなく、雑所得に該当します」と記載されています。

２０１８年６月からは「住宅宿泊事業法」、いわゆる民泊新法が施行され、住民が所管の自治体に届け出れば住宅でも宿泊サービスを始められるようになりました。それまでは「旅館業法」または「民泊条例」に従う必要があり、勝手に民泊事業を行うことは違法でした。

ただ、たとえ法的に問題があるとしても収入を得ていることには変わりないため、税務の世界では所得税の対象となります（業としての収入ではなく、「泊めてもらったことの謝礼」程度であれば贈与税の非課税に該当しますが）。

所得税の対象となる場合は、所得区分がどうなるかによってその後の扱いが異なるので注意が必要です。宿泊事業についての所得区分で考えられるのは「不動産所得」「事業所得」「雑所得」の3種類です。

不動産所得とは不動産の貸し付けにより生じた所得で、主にアパート経営がこれに当たります（名前が似ていて混同されやすいのが、不動産を売却したときの譲渡所得です）。

事業所得とは、個人経営の旅館などの宿泊事業により得た所得をいいます。

雑所得とは、他のどの所得にも当てはまらない所得をいい、前述の通り民泊の所得は雑所得になるわけです。

この3種類の所得はどれも「収入－経費（減価償却費含む）」で計算するため、計算結果は同じになります。

ただし、赤字が出た場合は別で、不動産所得や事業所得は給与などの他の所得と損益通算できますが、雑所得ですと他の所得と損益通算できないので注意が必要です。

「小規模宅地等の特例」は使える？

では、冒頭の会話のように、民泊用住宅を相続した場合、相続税の計算はどうなるでしょうか。まず、故人の財産をそれぞれ評価し、それらの合計から遺産にかかる基礎控除を差し引いて税額計算を行うことになります。財産評価の方法は、土地に関しては路線価をもとに間口や奥行きを加味して一筆（土地登記簿の1枚の用紙に書き込まれた6つの土地）ごとに計算していきます。

この場合に注意しなければならないのは、借地権や借家権です。自分の持ち物でも他人に貸している場合、借り手側に借地権や借家権が発生するため、その分の権利関係が調整されて評価が下がることになります。

この権利関係の調整としての減額以外に、前述の「小規模宅地等の評価減」という制度もあります。この規定は主に自宅を相続した場合に、一定要件を満たすと評価額を最大で80％も減額できるというものですが、事業用や貸し付け用の不動産についても適用があります。冒頭のケースのように自宅敷地内の別棟を民泊に使用している場合、貸し付け用事業用地等と認められれば２００平方メートルまでの部分につき50％、「宿泊施設としての事業用」となれば特定事業用宅地等として４００平方メートルまでの部分につき80％減額できます。

問題は、この特例が個人の小規模な民泊でも使えるかどうかです。

民泊新法によると、そもそも民泊として貸せる日数は最大でも年間１８０日までと制限されており（自治体の条例によってはさらに少なくなる可能性も）、簡易宿所営業のレベルでは「事業」とはいえないこと、税法上も民泊の所得は雑所得という扱いになることなどから、民泊では「小規模宅地等の評価減」の適用は難しいと思われます。

もちろん、この離れを貸家として長期賃貸している場合には貸し付け用として50％の評価減ができるのですが、収益力は民泊として1泊単位で貸し出すほうが高くなるため、どちらを取るか慎重に検討する必要がありそうです。

第3章

「よかれと思って」生前贈与の罠

1 相続・節税対策の王道！ 賢い「生前贈与」

「先生、『生前贈与』という言葉を聞きますが、どういうときにやればいいんでしょう」

「生前贈与を行うケースは大きく2つに分かれます。1つは子供が家を買うから援助してあげるなど、必要に迫られて行う場合ですね」

「もう1つは？」

「相続対策として行う場合です。後者は継続して行わなければ節税効果が出ないんですが、いずれにせよ行き当たりばったりの贈与ではダメです」

資産の集中を避け、時間をかけて少しずつ分散

生前贈与による相続対策の基本は、たとえば、30％など高い税率の「相続税」を、10％といった低い税率の「贈与税」にシフトすることにより節税効果を狙うものです。

相続税も贈与税も超過累進税率を採用しているため、課税財産が大きくなれば税率も高く

なって税金は加速度的に増えます。そのため、短期間に集中して贈与を行うと相続税率よりも高くなってしまうので、数年から十数年などある程度の期間をかけ、継続して行うことになります。特定の相続人や特定の年度に集中して贈与を行っても節税効果は期待できません。とにかく「資産の集中を避け」「時間をかけて少しずつ分散させる」ということです。生前贈与は相続対策の中でももっとも身近で、誰にでもできる節税策であるといえます。

しかし、生前贈与により相続人の間に不公平が生じてしまうこともありますし、現預金などの流動的な資産を贈与したために不動産ばかり残ってしまって、納税資金がショートすることもあります。そのため、行き当たりばったりではなく、税負担率が最小になるようにあらかじめ納税計画を作成した上で、継続して行う必要があるのです。

まずは自分の税率ゾーンを把握する

生前贈与を行うに当たり、まずやらなければならないのは現状分析です。正しい現状把握なしには対策の立てようがありません。手順は下記の通りです。

［図3－1］　自分が位置する税率ゾーンの把握例

	当初	＋4000万円	差額
相続財産	2億円	2億4,000万円	4,000万円
相続税	4,860万円	6,480万円	1,620万円
税負担率	24.3%	27.0%	(40.5%)*

＊1620万円÷4000万円＝40.5％

（1）いくら相続税がかかるのか試算する

相続税の計算過程は複雑ですが、最近はマネー誌や各種税金シミュレーションサイトにわかりやすく記載されています。もちろん国税庁のウェブサイトの「タックスアンサー」も頼りになります。税制改正によって2015年1月以降は相続税の基礎控除額が引き下げられている（＝増税）ので、常に最新情報をもとに計算するよう注意してください。

（2）自分がどの税率ゾーンに位置しているか把握する

たとえば、相続人が子供1人で相続財産が2億円の場合、相続税は4860万円となります。この場合の税負担率は4860万円÷2億円＝24・3％です。

しかし、相続税は超過累進税率を採用しているので、この2億円の財産が増減した場合、税額は24・3％の税率で増減するわけではありません（図3－1）。

[図3－2] **贈与による節税効果の検証例**

	当初	贈与を実施後	差額
相続財産	7,000万円	5,900万円	1,100万円
相続税	320万円	170万円	150万円
税負担率	4.5%	2.8%	

驚くべきことに、財産が4000万円増えると税金は1620万円も増えますので、この超過部分の税負担率は40・5％ということになります。言い換えればこの人は「税率40・5％のゾーンを行ったり来たりしている」のです。

（3）贈与による節税効果を検証する

自分の税率ゾーンがわかったら、相続税の税率よりも低い贈与税率で贈与を行うプランを策定します。先ほどの財産2億円の例よりもう少し身近な額で、相続人は子供2人、財産は7000万円という例を見てみましょう（図3－2）。

この場合、相続税額は320万円で、税負担率は4・5％になります。

この家族が、生前贈与を行って毎年110万円を2人の子供に5年間贈与したとします。すると110万円×2人×5年＝1100万円の財産の移転ができ、相続税を150万円ほど圧縮できることになります。しかし、話はそんなに簡単ではありません。2024年からは暦年贈与における生前贈与加算の期間が段階的に7年に改正されるため、亡くなる前7年間の贈与については相続税の圧縮効果がなくなります。110万円以内の贈与にこだわるのであれば、「相続時精算課税」を選択することも視野に入れてのシミュレーションが必要となります。

110万円にはこだわらない

生前贈与では、110万円という贈与税の基礎控除の額にこだわる必要はありません。自分の税率ゾーンによっては110万円を超えた額を贈与し、ある程度の贈与税を負担しても、贈与税額＋相続税額が最小値になるように計算して生前贈与を行ったほうがいいこともあります。

ただし、「節税」を優先するあまりに子や孫に贈与しすぎて、くれぐれも自分自身の老後資金が不足する羽目に陥りませんように……。

2 要注意！ その気がなくてもこれって「贈与」です

「先生、今年うちの息子が進学するんです。入学金と授業料を負担したら100万円くらいかかってしまいました」

「親御さんも大変ですね」

「で、その息子は経済学部に入学したので株式投資をやりたいっていうんですよ」

「いいじゃないですか。頼もしい」

「私もやらせてみたいのですが、株式購入資金を100万円振り込んでくれと。入学金と合わせると200万円。110万円の枠を超えてしまうので贈与税がかかりますよね？」

「大丈夫です。どちらにもかかりませんよ」

親が負担する子供の学費は何百万円かかっても非課税

「相続対策の基本は生前贈与」。これは、相続特集の記事では必ず見かけるキーワードです。

そして、贈与税には年間110万円の基礎控除があることはほとんどの方がご存じです。

税金がかからないという意味では大差はありませんが、実はこの110万円は非課税とは異なります。

たとえば、子供の大学の学費を親が負担した場合、そもそも相続税法で「親が負担する教育費は非課税」と決められているので、子供が何回浪人しても留年しても課税はされません。

しかし、「勉強のためにこのお金で株式投資をしてみなさい」といって子供の銀行口座に送金したら、「株式購入資金の贈与」として課税対象になります。

その場合の贈与税額の計算は、110万円を控除して（差し引いて）から税率をかけます。ですが、110万円以内であれば税率をかける前の段階でゼロになるため、結果として非課税と同じことになります。

つまり、冒頭の会話のケースでは、入学金・授業料の100万円は非課税、株式購入資金の100万円は基礎控除の範囲内なので課税されない、というのが正確な表現なのです。

贈与税、最低限知っておきたい3つのポイント

【1　非課税財産】

相続税法（ちなみに、贈与税法という法律は存在しません）では贈与税の非課税財産を12項目定めていますが、日常生活で関係するのは次の5項目です。

これらの贈与を同時に受けても、要件さえ満たしていれば贈与税を払う必要はありません。ただし（3）（4）（5）については自ら申告しない限り非課税の適用はありませんので、要注意です。

（1）夫婦や親子、きょうだいなどの扶養義務者から受ける生活費・教育費
（2）香典、お祝い、お見舞い、お中元・お歳暮、お年玉など
（3）一定要件をみたす教育資金1500万円
（4）一定要件をみたす結婚・子育て資金1000万円
（5）一定要件をみたす住宅取得資金500万円（省エネ住宅なら1000万円）

【2　基礎控除】

贈与税の基礎控除は年間110万円です。これは受贈者（もらう人）単位ですので、仮に父から100万円、母から100万円の贈与を受けていた場合は合計200万円で、非課税にはなりません。この場合は、200万円－110万円＝90万円が贈与税の課税対象とな

り、贈与税額は9万円となります。

この例では税率は10%ですが、必ずしも10%ということではなく、累進税率ですので財産が増えれば税率は55%までどんどん上がっていきます。

【3　申告方法】

贈与を受けた年の翌年の2月1日から3月15日までに住所地の税務署に贈与税の申告書を提出し、金融機関で納付することになります。最近はe－taxで申告納税している人も多くいます。うっかり期限を過ぎてしまうと、加算税や延滞税がかかる場合があるので注意しましょう。

そのつもりがなくても贈与税が発生

しかし実務上は、贈与のつもりがなかったのに「贈与税の対象になるケース」が多くあります。いわゆる「みなし贈与」と呼ばれるもので、こちらはより注意が必要です。

これらは形式的には売却であったり購入であったり、贈与以外の法律行為ではありますが、経済的効果が「贈与と同様」ということで贈与税の対象になります。たとえば以下のような場合です。

（1）親から相場よりも安く不動産を購入した場合
（2）親に借金の肩代わりをしてもらった場合（その後親に返していればOK）
（3）無利息で借りた場合の利息相当額
（4）不動産を共有名義にした場合で、持ち分とお金の負担割合が異なる場合

贈与税には細かい規定が多数あるので皆さんがそのすべてを勉強するのは難しいと思いますが、ものすごくざっくりいうと「得したなぁ」と感じた場合はだいたい「みなし贈与」に当たります。そういう場合は税理士に確認したほうがいいでしょう。

3 生命保険の活用で孫の無駄遣い防止

「先日先生のセミナーを聞いて、〝名義預金〟への課税って怖いなと思いました」

「税務署はこれを注視しますからね。私自身も子供の頃は、『おまえの名前で貯金してあるから』と母親によく聞かされたものですが」

「課税の問題もそうですが、子供にまとまったお金を渡すということが教育上どうかという心配もあります」

「かといって、途中で取り上げてもトラブルのもとですし……」

「どうしたら贈与後の無駄遣いを防止できるのでしょうか？」

「渡したお金を自由に使えなくするためには、その預金からさらに別の財産にシフトする必要がありますよ」

「別の財産にシフト、ですか？」

通帳や印鑑の管理者は？

どこの家でも、子供の学費などを積み立てるための「子供名義の預金」はあるもの。最近はスマホで簡単に口座開設もできるため、子供名義の預金を開設して将来の支出に備えるケースも多いようです。最終的には、この預金を使い切ることになるのでしょうが、積み上がった段階で親に相続が発生したら、どうなるのでしょう。

「名義預金」とは、子供や孫、配偶者など自分以外の名義で口座を作り、実質的に自分で管理していた預金を指します。冒頭の会話のように、名義預金課税を知らずに10年近くお孫さん名義で預金されていたある相談者の方は、これからどうしたらいいのか困っていました。

贈与契約書は作成しているものの、年間110万円以内の暦年贈与の非課税枠の範囲内であるため申告はしていません。預金残高は約800万円ありますが、孫はまだ10歳なので通帳と印鑑は相談者が管理しています。

名義預金に関しては、よく「預金通帳や印鑑を誰が管理しているかがポイント」といわれます。なので、相談者としても10歳のお孫さんに管理させたいところですが、金額を考えるとそれはあまりに危険です。そこでまずは印鑑と通帳の保管場所を、母親のもとに変更するようお願いしました。

金融商品に換える

さて、本題です。無駄遣い防止の観点から「現金で置いておいたり、クレジットカードの決済口座に入金したりしたくない」のであれば、贈与した資金の行き先を拘束してしまえばいいのです。具体的には、「消費」させるのでなく行き先を金融商品に指定して「運用」させるのがいいのではないでしょうか？

その運用も贈与者である親や祖父母が行っていたのではそれも名義借りになってしまいますので、「長期分散型」で自動的に積み立てるものが適していると思います。そうすれば簡単には現金化できなくなり、ずるずる無駄遣いされることを避けられます。

生命保険を活用した名義預金対策はすでに多数の方が行っています。これは贈与を受けた孫が契約者となり、贈与された資金で保険に加入するというものです。孫の口座から保険料が引き落とされますが、毎月保険料を納めるのでなくまとめて年払いにしてしまえば、無駄遣いはできません。

具体的には次のような加入スタイルが一般的です。将来への積み立てや保障を考えると、定期保険や養老保険より終身保険が適していると思います。

●契約者　：孫
●被保険者：親（主に父親）
●受取人　：孫

この取引を順を追って説明しましょう。

①孫が祖父から保険料相当額の贈与を受ける
②贈与契約を締結し、孫が贈与税の申告をする（110万円以上の贈与の場合）
③孫の口座から生命保険料を支払う
④父が死亡したときには孫が生命保険金を受け取るが、孫が契約者として保険金を支払っていたので相続税はかからない。一時金でまとめて受け取った場合は孫の一時所得となる
⑤孫が成人して家を買うとか結婚するときに、解約して保険金を受け取る際も一時所得となる

一時所得では「所得を2分の1に抑えられる」のがメリットです。このような場合の一時所得で課税対象になる額は、「受け取った保険金から払い込んだ保険料を引き、さらに一時所得の特別控除額50万円を差し引いた額の2分の1」だからです。

一定年齢まで贈与をお預けする手も

注意しなければならないのは、必ず贈与を成立させた上で生命保険料の支払いを行わなければいけないという点です。

生命保険を受け取った場合の課税関係は複雑で、祖父の口座から保険料が引き落とされていたりして、税務当局に「祖父が保険料を負担したのではないか」と認定されると、孫が受け取る保険金については「贈与税」の対象となってしまうからです。

ここまで子供に無駄遣いさせない贈与の方法を見てきました。しかし、せっかく節税対策を行うのであれば、浪費に回される恐れがなく、お金のありがたさを実感できる年齢まで贈与をお預けとするのも1つの方法ではないでしょうか。

なお、「名義預金」に関しては第4章3項でも説明します。

4 深く考えず子供名義に。「うっかり贈与」の救済措置

「先生、主人が少し前に息子名義でマンションを買いまして……」

「あらら、贈与税の相談ですね」

「はい。マンション購入は聞いていましたがまさか息子名義だとは……。こういう場合は贈与税がかかるんですよね」

「そうですね」

「主人にそれを話したら『自分名義に戻せないか』っていうんですけど、そうしたら息子からの逆贈与になってまた贈与税がかかるんでしょうか？」

「いえ、大丈夫ですよ。無税で戻せる方法があります」

必要がなくても、親は財産を子供名義にしがち

親が財産価値のあるものを購入するときには、子供名義にしたがる傾向があるものです。

金銭贈与の場合、もらった側に贈与税がかかることはほとんどの方がご存じですが、マンションなどの購入時に資金負担をしてあげることが贈与である、ということには気づいていないのかもしれません（もしくはバレないと思っているのかも）。

そのため、子供名義にする必要がない状態であっても、わざわざ子供名義にしているケースも見かけます。たとえば、子供が1人で親と同居していて相続でのもめ事も考えづらく、自宅の評価額も「小規模宅地等の評価減」で80％減額できるため、相続税対策もあまり必要ない場合などです。

これらは意味のない名義変更であり、勘違いというか、十分な知識がないためにそうしてしまった、という形です。

そのような場合でも、住宅取得資金の特例や相続時精算課税（次項参照）を活用することにより課税を回避できますが、のちのち相続人同士のトラブルに発展するくらいなら「いっそ元に戻してしまいたい」という思いを持たれるケースもあるようです。

50年以上前の通達のおかげで億単位の税を回避

少し前の話ですが、私の相談者に先祖代々の同族株式を数十億円で譲渡したAさんがいました。Aさんが所得税の申告をしたところ、すぐさま税務調査が入りました。譲渡した株式が長年にわたって取得したものであったため、いつ、いくらで誰から購入（贈与、相続含む）したかという「取得費」を説明するのが大変だったのですが、そこはなんとかクリアしました。

調査終了も近づいたある日、「受け取ったお金は今、どのような財産になっていますか？」と調査官に聞かれ、Aさんは「ハワイに移住しようと思っているので、大半はハワイの不動産の購入に充てました」と答えたのです。

そうしたらなんと翌週に、「譲渡所得税の調査は終了しましたが、奥さんへの贈与税の調査に切り替えるのでよろしくお願いします」と連絡がありました。調査官は、ハワイの不動産が夫婦共有名義になっていることを調べ上げたわけです。

こちらも現地でのアドバイス（現地では共有名義に当たる「ジョイントテナンシー」にするのが一般的）にもとづいて名義を確定しただけで、Aさんに奥さんへの贈与の意識はなかったようです。しかも共有名義にはなっていたものの、確定申告はAさん本人が単独で行い、国外財産調書にも本人の財産として記載していました。

お金の流れからしても実態からしても「贈与ではない」とAさんは主張したのですが、不動産に関しては「名義で判断せざるを得ない」との回答でした（実際、調査官も気の毒がっていました)。

やむを得ず「名義を元に戻すので贈与税の対象にはしないでほしい」と主張したところ、何度かのやり取りの末、「そのように扱ってよいという通達があるので認めます」と調査官は了解してくれました。急いでハワイの弁護士に名義変更手続きを依頼して、結果的にはAさんは億単位になるかもしれなかった贈与税を課税されずに済みました。

その通達とは、1964年(昭和39年)5月23日に当時の国税庁長官から各国税局長に宛てた「名義変更等が行われた後にその取消し等があった場合の贈与税の取扱いについて」というもので、国税庁のウェブサイトに出ています。

この通達は「うっかり他人名義で登記しても、贈与の意図がなく錯誤である場合は、名義を戻せば贈与がなかったものとして取り扱う」という内容で、まさに庶民の味方ともいうべき心強い通達です。Aさんもこれに救われました。

ただし、登記を元に戻す場合は登録免許税などの登記費用はかかるのと、海外不動産の名義を変更する場合には、現地で課税関係が生じてしまうこともあるため現地での会計士の確認が必要となります。

5 誰でもできる「110万円贈与」はこう変わる

「税制改正で2024年以降に行う贈与について扱いが変わるようですね」

「らしいですが、今後どうすればいいのかよくわからないんです。どこの家庭でもやっている110万円贈与ができなくなるのですか？」

「いや、亡くなる前7年間の贈与が相続計算に加算されるので効果が薄くなるらしいですよ」

「一体いつから贈与を始めればいいのやら……」

贈与税と相続税の関係

贈与税は相続税の補完税といわれてます。贈与により相続税を節税できるため贈与税が設けられていますが、少ない贈与を繰り返すことによって相続税の節税ができるため、政府は「相続税と贈与税の一体課税」を目指してきました。もともと戦前は「一生累積課税」といって、一生涯に受けた贈与財産と相続財産を合計して相続課税する方式だったのですが、今回の改正により、その方式に戻すほうに近づいたということになります。

現在の贈与税には暦年贈与と相続時精算課税の2種類がありますが、それぞれ改正されたことで、位置づけが異なっているので注意が必要です。

〈暦年贈与〉

●現在の制度

受贈者（贈与を受けた者）ごとに年間の受贈額の合計から基礎控除110万円を控除して税率を乗ずる計算となっています。受け取った額の年間合計額が対象となるため、いろんな人から110万円以内の贈与を受けても、その合計額で課税されます。そして、この贈与のうち相続開始前3年以内に行われた贈与については、相続財産に加算して相続税を計算することになっています。これを生前贈与加算といいます。これにより贈与税と相続税の二重課税になるため、すでに払った贈与税は相続税から税額控除を行います。これを贈与税額控除といいます。

●どう変わる

2024年の贈与から生前贈与加算の期間を徐々に引き上げ、2031年開始の相続から7年分となります。自分がいつまで生きるかわからない状況で、計画的な贈与を行ったほうがいいといわれても、実行に移せる人は少ないと思います。身近な人の死や自分の健康状態が不安になったときから行おうという人がほとんどのため、亡くなる前7年以内という贈与の効果がなくなるタイミングが許れず、この制度を活用する人は少なくなると思われます。

〈相続時精算課税〉

●現在の制度

60歳以上の父母、または祖父母などから、18歳以上の子または孫などに対し、財産を贈与した場合において、2500万円までであれば贈与税がかからず相続税の対象とするという制度です。こちらを選択すると暦年贈与には二度と戻れません。

それでも選択するのは、子供たちにまとまった財産をとりあえず無税で動かせるからです。たとえば、評価額2500万円で年間250万円の家賃収入があるアパートをこの制度で親から子供へと贈与した場合、当然それ以降の家賃は子供のものとなるため収益移転に適しています。親の財産が250万円ずつ増えるのを抑えるとともに、贈与税ナシで家賃を子供にシフトすることになります（子供には、家賃に対する所得税はかかります）。

贈与額が累計で2500万円を超える場合は、その額の20％の贈与税を申告することになります。

●どう変わる

この制度に、新たに年間110万円の基礎控除枠が設けられました。これにより、相続時精算課税を選択すると年間110万円までは贈与税が課税されないばかりか、贈与額が相続税の計算に取り込まれることもありません。なお、110万円を超えた分の累計が2500万円までは贈与税がかからず、相続時に相続税の対象となります。

●どうすればいい

住宅ローンの返済や車両の購入費用など家族の資金の手助けで行う贈与はともかく、「人生100年時代」で自分の老後資金も心配なご時世に、節税効果のメリットが少なくなる暦年贈与を行う人は減っていくのではないでしょうか。10年くらいかけて相続税の節税のための贈与をしようと思っていた人にとっては、今回の改正により17年前からコツコツと贈与しないと意味のないものになってしまいます。

そのため、ほとんどの人が110万円基礎控除の新設された相続時精算課税を選択し、110万円贈与と2500万円までの贈与を組み合わせることになると思います。これこそ国が推し進める相続贈与の一体課税ですが、個人が贈与した履歴（受けた側も）を記録に残して保管するのは至難の業です。亡くなった親が誰にいくら贈与していたのかを把握できている子供はいないのではないでしょうか？　マイナンバーカードに贈与履歴をひも付けて、税務署の持っている情報と家庭で持ち合わせている情報を共有する仕組みが必要となってきます。

税務調査はどう変わる？

国税OBは、暦年贈与の生前贈与加算が7年となると、「税務署は過去の贈与を徹底的に調べるだろう」と予測します。税務署はすでに、個人財産の把握のためにあの手この手で多方面からアプローチしています。「国外財産調書」「財産債務調書」「過去の確定申告書」「国外送金等調書」「各種お尋ね文書」、そして、国外の財産の把握に関しては外国の税務機関との情報交換制度まで整備しているほどです。そのため、今では「隠し財産」を形成することは至難の業です。そのため税務署も、納税者の脇が甘い家族に分散している財産や過去の贈与などを中心に作業を進めることになるのです。

以前、銀座のクラブのママから、「税務署がうちのホステスの女の子を執拗に調べているから助けてちょうだい」と連絡がありました。よくよく確認したら、そのホステスさんの確定申告の内容ではなく、過去にある男性からお手当てを振り込んでもらっていた送金の件でした。そのお手当てがどのような課税になるのか？　どう税務署から指導を受けるのか？　と構えていたら、問題はそこではなく、振り込みが海外の会社からだったため、投資の配当や利子ではないかという確認でした。男性が自分の海外の会社から振り込んでいたのです。

税務署は、年間600万円の振り込みに対し、利回り6％で逆算すると海外に1億円くらいの投資資産があるではないかという疑いをかけたのです。その振り込みは投資に対する配当などではなく、男性からのお手当てであるという事情を説明したら、「今後も確定申告をきちんとお願いしますね」で終了しました（結果、お手当てについては不問でした）。どうやら銀行から提出された国外送金等調書にもとづき、送金された内容を確認することがミッションだったようです。このような資料の収集により、隠し財産の形成はほとんどできない仕組みとなっています。

話を戻しますが、「過去に家族に名義を変えた財産＝過去に家族に贈与した財産」とは限りません。贈与契約により名義変更がなされ、贈与税も申告していればいいのですが、「贈与した」のか「お金を貸した」のか「名義を借りた」のか曖昧な財産は結構多いものです。

税務調査では、曖昧なものの課税に時効の問題も関係してきます。贈与税の時効は6年であるため、それより前の贈与に対して贈与税は課税できません。そのため税務署員は、「贈与は成立していない。これは、親があなたの名義を借りただけで親の相続財産である」と名義預金課税だといってきます。ところが、形式的には名義が変更されているため、税理士や弁護士が参戦してくるケースも多く、税務署からすると、納税者を説得するのが大変なのです。

しかし、今後、相続時精算課税を選択する人が増えると、年間110万円を超える贈与については「相続財産漏れ」として、贈与課税でも名義課税でもなく課税処分が行いやすくなります。また、暦年贈与に関しても、相続前7年分については、「贈与があった上で生前贈与加算」として相続税を課税できるので、親の生前贈与に関しては十分な注意が必要となります。

6 生命保険を名義変更すると贈与税がかかる？

「先生。このたび息子が結婚することになったので、息子にかけていた生命保険契約を私名義から息子名義に変更しようと思っているんです」

「おめでとうございます。今後は息子さん自身が保険料を払っていくということですね」

「そうです。そして、受取人もお嫁さんにしてあげたいと思っています」

「それはいいことですね」

「でも、これまでずっと私が保険料を負担してきたわけなので、名義を変更したら贈与税がかかっちゃうんじゃないでしょうか？」

「今はかかりませんが、後でかかってきます」

「えっ？」

保険の種類は3つ――「定期」「養老」「終身」

日本では結婚を機に生命保険に加入するケースが多いと思います。また、将来に備えて親が子供に保険をかけているケースもよく見かけます。

これは、子供の死亡によって保険を受け取ろうと考えているのではなく、子供の保険料負担を考え、成人や結婚したら子供に名義変更してあげようという考えで契約するのです。ここではその生命保険と贈与税について考えていきましょう。

生命保険契約の種類は大きく3つに分かれます。

保険を説明する記事ではもっと細かく分類していると思いますが、相続の観点からは「定期保険」「養老保険」「終身保険」の3種類だと思っていただいてかまいません。

このうち定期保険はいわゆる「掛け捨て保険」なので、解約返戻金《へんれいきん》はありません。毎年の保障（保険金）を毎年買っている（保険料）形なので、親がどんなにたくさん保険料を払っていたからといって、名義変更後の子供の保険料負担がその分減るわけではありません。

養老保険は貯蓄型の生命保険で、満期まで継続すると基本的には死亡保険金と同額の保険金を受け取れるものです。マイナス金利で運用難とはいえ、仕組み上は貯蓄性があるため、万一のために大きな保障が欲しい場合は高い保険料を払うことになってしまいます。保険期間の途中で解約した場合は、その加入期間に応じて解約返戻金を受け取ることができます。

終身保険は、死亡時に契約が終了する保険です。定期保険や養老保険と異なり、一定の保険期間がないため更新する必要がありません。また、途中で解約した場合は、その加入期間に応じて解約返戻金を受け取ることができます。

保険にかかる税金も3つ——「相続税」「所得税」「贈与税」

一方、生命保険の保険金を受け取ったときにかかる税金は「相続税」「所得税」「贈与税」と、こちらも3種類あります。

生命保険の多くは死亡時に受け取ることから、保険にかかる税金といえば相続税というイメージがありますが、契約者（保険料負担者）、被保険者、受取人の組み合わせからいえば図3－3のように、所得税や贈与税がかかる場合もあるのです。

「誰が払って誰が受け取るのか」を考えると「誰から誰へ財産がシフトしたか」がわかります。

ここでいう保険料の負担者とは、実際に保険料を支払った人です。通常、保険料は生命保

[図3－3] **保険料の負担者と税金の種類**

保険料の負担者	被保険者	受取人	税金の種類
夫	夫	妻	相続税
夫	妻	夫	所得税
夫	妻	子	贈与税

険契約者の口座から引き落としますが、引き落とし口座を契約者以外の人にしている場合はその人が保険料の負担者に該当します（こういうパターンは最近はあまり見かけませんが）。

ただし、金銭で贈与を受けてそのお金で保険料を払ったら、「保険料を負担してもらった」のではなく「金銭贈与」扱いになります。一見どちらでも同じような感じを受けるかもしれませんが、保険金が多額な場合は、贈与税に大きな開きが出てきます。

途中で契約者変更すると？

では、契約期間の途中で契約者を変更した場合、つまり冒頭のようなケースでは課税関係はどうなるのでしょうか。以下の条件で見てみましょう。

契約期間10年の養老保険
保険金：1000万円

保険料：毎年１００万円×10回
契約者（保険料負担者）：夫→10年目に妻に変更
被保険者：夫
保険金受取人：夫→10年目に妻に変更

●１０００万円の10分の９＝９００万円分は贈与税（夫が保険料を払ってくれたことにより保険金を受け取った）
●１０００万円の10分の１＝１００万円分は所得税（自分が保険料を払って受け取った）

契約者や受取人を変更した段階で何らかの権利や財産価値が移転したように見えますが、その時点では肝心の保険金が出ていないので、課税関係は発生していません。したがって名義変更をしても、その時点で贈与税や所得税を払わなければならないということはなく、あくまで保険金の受け取り時に課税関係が生じるということです。

冒頭の「今はかかりませんが、後でかかってきます」というセリフはそういう意味なのでした。

第4章

税務署はどこまでも追ってくる！

1 親子間の住宅資金の貸し借りはトコトン追いかけられる

少し前、相談者の方との間でこんな会話がありました。

「先生、自宅を購入したら、税務署から質問状みたいなのが送られてきたんですが……」

「それは購入資金の確認をするものなので、ありのまま書いて提出していいですよ」

「それがですね、実は説明のつかないお金があって、どう書いていいのかわからないんです」

「説明がつかないって？」

税務署から届く「お尋ね」の意味

不動産の購入、売却、相続や贈与による名義変更の情報は法務局と税務署で共有されています。そのため、不動産を購入した場合は、半年から1年以内に税務署から「お尋ね」が送られてきます。

回答を記入して郵送で送り返すものがほとんどですが、日時指定で呼び出される場合もあります。この「お尋ね」は詳しくいうと、「お買いになった資産の買入価額などについてのお尋ね」という連絡文書です。これは税務調査の開始を意味しているものではないので、回答義務はありません。

しかし、これを書いていくうちに税務上の問題点に気づくだけでなく、登記の変更や取引の見直しもでき余計な課税も避けることができるため、提出することをお勧めします。

記入すべき内容は、

（1）購入金額

（2）預金から支払った場合……銀行名、支店名、預金名義、金額

（3）借り入れて支払った場合……相手先、続柄、借入名義、金額

（4）資産を売却した場合……物件の住所、売却年月日、金額

（5）贈与を受けた場合……相手の住所氏名、贈与年月日、続柄、申告の有無、金額

（6）その他……手元資金など

です。つまり、説明のつかないお金があるとすると、それは（1）−［（2）＋（3）＋（4）＋

（5）＋（6）」の答えとなります。そしてそのほとんどが、「贈与税がかかるとは知らずに親から出してもらったお金」なのです。

親にも追及、逃げ切れると思ったら大間違い

住宅を購入する際に、頭金を親から出してもらって残りは自ら住宅ローンを組んで返すような場合があるでしょう。問題になるのはこういう場合です。とりあえず頭金を立て替えてもらった段階では贈与は成立していないので、借入金としてのちのち返済していけば問題はありません。

お尋ねに対しても、「親からの借入金」として堂々と記入し、金銭消費貸借契約書を添付して回答すればいいのです。金銭消費貸借契約書の雛型は、インターネットを検索すれば無料でダウンロードできるものが複数見つかります。

金利や返済期間は当事者同士で決めればよいのですが、親子であっても銀行の住宅ローンと同等の金利くらいは支払わないと、利息分について贈与税の対象となります。また、利息を受け取った親は雑所得として申告することになります。

もっとも仮に利息を免除してもらったとしても、年間110万円以内であれば贈与税はか

かりませんし、利息を受け取った親も一定要件のもと年間20万円以内であれば所得税はかかりません。

お尋ねへの回答によって購入時の贈与税の問題はクリアできますが、はじめから返済するつもりのない借入金に関しては途中で返済を忘れてそのままになるケースが多く、事実上の債務免除とみなされ、贈与税の対象になってしまいます。

まれに、税務署から貸主である親宛てに「貸付金の回収状況に関する照会」という文書が送られてくることがあり、さらに、「いつ、いくらずつ返済を受けたか通帳のコピーを出しなさい」といわれることがあります。この照会の目的は、「住宅資金を貸して返済を免除しているのなら、それは贈与なのでしっかり贈与税を課しますよ」ということと、親が子供に貸している金額の残高確認です。こうなると税務署も真剣です。

一方、この文書が来ないからといって、税務署が親子間の貸し借りを忘れてくれるわけではありません。仮に贈与税は免れても、住宅資金として借りたお金の残高が親の相続のときに相続財産として課税されることになります。

「税務署にはわからないだろう」と逃げ切れると思ったら大間違いで、親であっても、借りたお金はやはり返さなければならないのです。

2 税務署が突然「弟の税金を払え」と。「物納」が止めた時効

今から7年ほど前の相談者との会話です。

「先生、大変なことになりました」

「一体どうしたんですか」

「実は15年前の母の相続のときの相続税を、弟が払っていなかったようなんです。それで税務署から、私に払うようにと通知が来ているんですけど……」

「あなたの分でなく弟さんの分ですか？」

「ええ、そうなんです。私の分は期限内にきちんと納めたんですが……」

「それは〝連帯納付義務〟についての督促ですね。税務署に確認してみましょう」

税務署から届いた通知書をよく読んでもらったら、「あなた以外の他の相続人も含めて連帯納付の義務があるので、みんなで話し合って払ってください。さもないとどなたかの財産を差し押さえることになります」という結構ドッキリする内容でした。

あまり知られていない「連帯納付義務」

ここでは、「連帯納付義務」について説明していきましょう。

日本の税金で連帯納付義務があるのは相続税と贈与税です（法人税でも一定の条件のもとにはありますが、あくまで間接的な連帯納付義務です）。

あまり知られていませんが、相続税に関しては相続人同士がお互いに連帯して納付する義務を負い、贈与税に関しては贈与者（あげた側）が受贈者（もらった側）に対して連帯納付義務を負っています。税の世界にはあげる側ともらう側を一体と考え、どちらかが払えないならもう片方が責任を負いなさい、という考え方があるからです。

現在は「申告期限から5年以内に税務署長が督促を行った場合にのみ連帯納付義務が生じる」と改正されましたが、以前は冒頭のケースのように15年も遡って追及されることもありました。

現在の相続税の課税体系は、財産全体に対して全員で一緒に申告する方法（遺産課税方式）になっていますが、もらった人がもらった分に対してそれぞれ別々に申告する方法（遺産取得課税方式）に変更されない限り、連帯納付義務の廃止は難しいといわれています。

納税に時効はある?

さて、連帯納付義務に加え、時効というテーマもあります。日本のほとんどの税金は5年で時効を迎えます（贈与税は相続税法で特別に6年と定められています）。ただし、脱税など悪質な場合の時効は7年です。一般債権と同様、途中で督促状を送れば時効は中断され、新たにカウントすることになります。

冒頭のケースは15年前の相続のことですので通常は時効が成立しているのですが、なぜ追及されてしまったのでしょうか。実はこのケースは、督促状が来たことによってではなく、「物納」で時効が中断していたのです。

物納とは、税金をお金で払えない場合に、相続で取得した不動産や有価証券などの「現物」で納税する方法です。物納の申請中は徴収の猶予扱いとなり、時効は停止しています。なので15年以上経過しても国税徴収権が消滅しなかったのです。

種明かしをすると、6人いる相続人のうち私の相談者を含む5人は申告期限内にお金で納税を済ませていましたが、1人だけ納税資金が足らず、相続した不動産の物納を試みていたのでした。他のきょうだいはこのことは知らなかったので、前述の督促状が届いたときには全員ビックリしていました。

現在は物納申請をしてから3カ月以内に収納（物納を認めること）されるかどうかが判断されますが、当時は収納するかの判断に何年もかかるケースも多く存在しており、他の相続人の納税状況（滞納状況）は開示されないので、誰が未納なのかはわかりません。つまり、自分のところにいつ火の粉が降りかかってくるのかわからない状態だったのです。

そこで、相談者と一緒に税務署に行って折衝したところ、「すでに皆さんの財産調べは終わっていますので、もし話し合いで誰が払うか決まらなかった場合には、税務署の判断で差し押さえをさせていただきます」とのことでした。私の相談者は長女で若い頃お嫁に出たため、本家の財産には一切タッチしていません。したがって、現在の財産は配偶者とともに形成されたものが多いということを力を入れて説明し、事なきを得ました。

他のきょうだいは「どう払うか」よりも「自分だけはどう差し押さえから逃れるか」で頭がいっぱいだったようでしたが、最終的にはその後きょうだいのどなたかが泣く泣く納付されたようです。

このように、納税資金の問題はきょうだいのそれぞれが自分だけ解決してもダメで、連帯納付義務がある限り、全員で協力して考えなければいけないのです。

3 税務署は名義を注視。「名義預金」には要注意

「先生、名義預金とか名義保険、名義株といった言葉をよく聞きますが、今ひとつわからないんですよね」

「単に名義だけで実質的な所有者は他の人、ということです」

「名義が変わったということは、その人のものになったということじゃないんですか？」

「そこが微妙なんです。名義を変更したといってもそれで贈与が成立しているとは限らない、という考え方です」

「でも、税務署は名義が変わったから贈与税を払えっていいますよね」

「それは時と場合によりますね」

贈与成立と税務署に認めてもらうには

相続税の税務調査で一番多く指摘されるのが「名義預金」だといわれています。それはな

ぜでしょう？

たとえば、被相続人である祖父がかわいい孫の誕生を機に、孫名義の預金口座に毎月９万円を積み立てて年間１０８万円を贈与しようとしたとします。これは年間１１０万円の贈与税の基礎控除の範囲内であるため、贈与税はかかりません（暦年贈与）。

これを仮に10年続ければ１０００万円以上祖父の財産を減らすことができ、相続税の節税になります。孫が10人いれば1億円以上の財産移転が非課税でできる理屈になります。贈与税もかからず相続税もかからないことから、祖父の立場からいえば究極の節税策のように感じます。

そこで、税務当局は「贈与」の本質に切り込んでくるわけです。この場合、贈与は成立しておらず計画的な課税逃れである、と。

贈与契約とは、贈与者（あげた側）と受贈者（もらった側）がいて成り立つ契約です。遺言のように一方的な意思表示ではありませんから、贈与者の気が変わったからといって「あれはなかったことに……」ということはできません（契約不履行で訴えられます）。

契約自体は口頭でも成り立つのですが、受贈者は「もらいそびれたら損」とばかりに贈与者に対し「贈与契約書」を迫るのが通常取引である、と考えると、税務上はこの贈与契約書がなければおかしいととらえられてしまいます。当然、「名義預金ではないか」と突っ込まれることになります。

そこで、贈与契約書を用意することになりますが、孫が赤ちゃんの場合は、代理人としてその親が契約書にサインします。預金口座を開設するときもそのような手続きとなるはずです。つまり、税務署から見れば、親と子と孫が登場するきわめて「課税したくなる契約書」ができ上がるのです。

次に、その財産（この場合は預金通帳や印鑑）を誰が管理しているか、ということが問題となります。法定代理人である親ならまだしも、「孫はまだ赤ちゃんだからワシが預かっておこう」と贈与者である祖父本人が管理していたら、ほぼ間違いなく名義預金と判断されるでしょう。祖父の住まいの近くの銀行支店で口座開設し、一度も引き出されたことのない預金などもまず狙われます。

名義預金の認定を避けるため、「あえて暦年贈与の110万円を少し超えた額を贈与して、少額の贈与税を払っておけばいい」という話も聞きますが、「財産の管理」ができない赤ちゃんが税理士に相談して申告できるはずもなく、これが決め手となるとも思えません。

むしろ法定代理人が正しく口座開設～贈与契約～通帳・印鑑の保管～申告を行っているか

どうかがポイントとなります。

税務署だけでなく他の相続人からの異議も

一方ではよく、「孫に贈与したいけど湯水のようにお金を使われたら困る」「孫名義にするが、いつでも引き上げられる状態にしたい」という相談も受けます。これは、「贈与の意思はないけれど贈与の体裁を整えたい」という気持ちの表れです。

しかし、成人した孫であれば「おじいちゃん、オレ名義の預金があるなら使わせてくれよ」といってくることもあるはずです。そのとき、「ふざけるな、贈与は形だけだ。何ならじいちゃん名義に戻すぞ」などといってもめ事になり、孫から訴えられたらどうするのでしょう。

また、特定の相続人へ偏った贈与を繰り返していた場合は、相続開始後に他の相続人が「あの預金は贈与が成立していない名義預金なんだから、みんなで分割するんですよね？」と異議を唱えてくる可能性もあります。

このように、名義の扱いが曖昧だといろんなリスクがついてきます。簡単でかつ税務調査官が一番課税しやすい項目だけに、専門家のアドバイスのもと「否認されない生前贈与」が必要となるのです。

4　その遺言、税務署が見ることもお忘れなく

「先生、この前、遺言を書くために弁護士に相談したら、付言事項も書くようにといわれました」

「ほう」

「法的には効力ありませんが、味気ない遺言に加え、気持ちを伝える効果がありますからと」

「そうですね、経緯を書かないとかえって相続人間でトラブルになりますからね。でも、あまり踏み込みすぎると税務署に誤解を与えることになりますよ」

「税務署も私の書いた遺言書を見るんですか？」

「もちろん、申告書に添付しますからね」

遺言は相続税の申告書に添付する

「太郎、おまえには感謝している。おまえが会社を上場させたおかげで私は巨万の富を築くことができた。おかげでお母さんと世界旅行を楽しんだり、箱根に別荘を購入してゴルフを楽しんだり、充実した余生を送ることができた……」

こんな付言事項の記載された公正証書遺言を見たことがあります。税理士として相続人に税額計算を説明したとき、「巨万の富」という表現を見て、「お父さんも大げさだなあ」と一同苦笑いした記憶がありますが、そのとき、私は「もしかしたら税務調査が来るかも」と思いました。というのも、相続財産全体が2、3億円程度だったからです。決して少ない金額ではないのですが、私の感覚では「巨万の富」とは10億円くらいを想定していましたので、隠し財産があると税務署に勘繰られるのではないかと――そして、実際に1年後に税務署から連絡が来て、税務調査が始まったのです。

相続税の申告では取得した財産に応じて各人の税額が決定するため、申告書に「遺産分割協議書」または「遺言書」を添付します。当然提出された遺言書は税務署がじっくりと目を通し、怪しい点がないかを確認することになります。「巨万の富」に反応したわけではないにせよ、出資した息子の会社が上場して利益を得たとすると、名義株、生前贈与、海外資産などがないかの確認が必要と判断したのでしょう。

税理士法33条の2の書面添付を行っていたため、意見聴収が行われたのち、税務調査に突入しました。その税務調査では、配偶者を被保険者としていた生命保険の計上漏れがあった程度で大した修正はありませんでした。税務調査終了時、調査官に「『巨万の富』を調べに来たの？」と聞いたら調査官も苦笑いしていました。

遺言で妻の財産に言及する理由

妻へ宛てた遺言の中に、「名義預金」を匂わせる表現があったこともありました。顧問先の社長のお父様が亡くなって間もないころ、「自宅から父の遺言が見つかったので開封に立ち会ってほしい」と依頼を受けました。本来、自筆証書遺言は開封せず、裁判所で検認を受けなければならないのですが、封筒はのり付けされておらず、奥様はすでに内容を把握しており、「子供たちに説明する場に立ち会ってほしい」とのことでしたのでおうかがいしました。

商売で苦楽を共にした妻への愛情あふれる遺言でしたが、文中に「〇〇（妻）名義の定期預金は、万が一に備えて使わずに銀行に預けたままにしておきなさい」というような表現が使われていました。自分の財産の行方を指定するのが遺言なのに、なぜ妻の財産について言及したのでしょうか。

奥様に確認したら、「主人の土地が自治体に収用されたとき、その補償金（非課税）の入金口座を私の口座に指定したのです」とのこと。本来、故人が受け取るべきものですので、故人が奥様名義の預金の名義借りをしたととらえられても仕方がない状況です。故人も自分の財産であるという意識から、このような表現を使われたのかと思いました。10年以上前の出来事というのと、金額的にもさほど問題となる規模ではなかったので、そのときは「贈与税の時効」という判断をしました。

付言事項とはどのようなものか

たとえば、相続人以外の人に財産を相続させようとした場合、経緯がわからないと相続人が誤解してトラブルになることも懸念されます。また、特定の相続人に財産を集中させようとした場合などもその後の兄弟関係に影響を与えることもあるので、遺言の本文のほかに書いた人の気持ちを表す文章を残す、これが付言事項といわれるものです。

法務省のホームページには、付言事項の例として、以下の文章が掲載されています。

「□□陽子さんには、いろいろと面倒を見てもらい、本当に感謝しています。恩返しをしたいと考え、私の財産を贈ることにしました。子どもたちには、不動産や金融資産を生前に贈与しているので、どうか陽子さんへの配慮を頼みます。」

実際は、このくらいのソフトな文章ばかりではありません。親不孝をした相続人に対して財産を渡さない場合、なぜ渡さないか具体的に過去の出来事を明記して、まるで「生前にいえなかったことを遺言を通して伝えようとしている」ようなものまであります。このような場合、感情を逆なですることになり被相続人へのやりきれない気持ちがほかの相続人に向けられることも多いため、付言事項を通じてコミュニケーションを取る方法はあまりおすすめできません（ほかにも伝達手段はいくらでもあります）。

税務署はバランスの悪い遺言に注目する

通常、遺言の内容を補足する意味で付言事項を書くため、たとえば、「なぜ今回は弟に多く財産を渡そうとするのか。それは、生前、兄にはさんざんお金を渡したからなんだよ」といった気持ちが文章ににじみ出てきます。この説明に説得力を持たせるため、具体的な贈与時期や贈与額を記述したくなりますが、これが税務署に対して余計な疑義を持たせることになるのです。

「学費を出した」とか「サッカー留学させた」のようにそもそも非課税の贈与であれば問題ないのですが、「自宅の頭金を出してあげた」とか「ローンの残債を肩代わりした」「離婚の慰謝料を払ってあげた」などは贈与税の申告がされていたかチェックされることになります。

贈与税は、「安く売ってあげた」とか「借金をチャラにしてくれた」「生命保険の名義を変えた」なども「みなし贈与」として課税対象となるため、税の知識がないとうっかり余計なことを書くことになりかねません。付言事項がなくても税務署は、「なぜこんなに遺産分割のバランスが悪いのだろう。生前贈与があったに違いない」と考えるのです。

「贈与税の時効は6年だから、それより前のことであれば関係ない」とタカをくくってはいけません。現在は相続前3年以内の贈与については相続税の課税価格に織り込むこととなっていますが、税制改正により、２０２４年以降の贈与は、相続開始前7年分の贈与については相続税の計算に加算することになります。ということは、7年分の贈与に関して相続税として課税できるのです。今後は、税務署は生前の財産の動きに関して重点を置いた調査が予想されます。

5 「フェラーリ買った」はNG？ SNSも厳しくチェック

これはある日の税務署員Aさんと私の会話です。

「先生、本日は税務調査よろしくお願いいたします」

「こちらこそ。年の瀬も迫り、署もお忙しいでしょう」

「ですね。最近は税務署も人手不足で……」

「以前は税務調査といえばペアでいらっしゃるケースが多かったのですが、最近は見かけないですものね」

「はい。ところで、先生は釣りがご趣味のようで……」

（あれ？　私の依頼人から聞いたのかな？　でもまだ会っていないはずだし）

「先週はまた随分大きなシーバスを釣っておられましたね。実は私も釣りが趣味でして」

（ああ、ＳＮＳで見たんだな。コワっ！）

調査官は事前にSNSで対象者をつかむ

フェイスブック、ツイッター、インスタグラムなどのSNS（交流サイト）は大流行りで、最近は若者からお年寄りまで活用しているようです。ただ、見ているのはあなたを応援してくれる友達ばかりとは限りません。SNSは税務職員が「調査対象者に会わずして把握する手段」としてはきわめて有効なのです。今や戦場の兵士が動画をSNSにアップしたり、政治家が自分の決意を表明したり、それを見れば人柄やポリシーをうかがい知ることができるツールとなりました。

攻撃的な人であれば事前に徹底的に証拠を集めてギャフンといわせなければなりませんし、話せばわかるタイプの人であればロジカルな説明を用意しなければなりません。そうした個別攻略に役立つだけでなく、日頃の暮らしぶりを垣間見ることもできます。

写真入りで「フェラーリ買いました！」と投稿するのは個人の自由ですが、税務職員も「そのお金はどこから出たのか？」と思いながら見ているのをお忘れなく。

たとえば、数年前、こんなことがありました。

都内で個人事業を行っていた方の相続税調査があり、調査官に「この方の死因は？」と聞かれて「自ら命を絶ったのです」と答えたら、そのときは調査官はものすごくビックリしていました。

ところが、その調査官は後日、ネットの掲示板でしか得られないような細かい情報について次から次へと質問してきたのです。「調査官も手の届く範囲のすべてを調べ尽くしているんだな」と感じたことを覚えています。

SNSは本人から発信しますが、そのコメント欄は他人が書き込む批判的な内容が多いため、非常に厄介です。もちろん事実無根の内容も多くありますので、税務署員がそれをうのみにすることはないと思いますが。

便箋3枚で調査官を納得させた相続人

相続税の調査において、税務職員はほとんどの場合、事前に銀行調査を済ませてからやって来ます。銀行調査により被相続人（亡くなった方）や親族の生前の預金の動きを数年分チェックしていますので、その場でつじつまの合わない説明をすると、後で撤回するのに苦労することになります。

もっとも、実際には被相続人が相続人に内緒で預金を出し入れしている場合なども多々ありますので、「知らないことは知らない」ときっぱり答えてかまいませんし、たいていの場合は税理士がフォローしてくれます。

税務調査といえばあるとき、「相続人（76歳の奥さん）の預金残高が多すぎる」と指摘を受けたことがありました。終始穏やかな口調の調査官が、「こういう場合、預金の半分くらいは旦那さんのものだと考えられますねえ」と漏らしたとき、彼女は憤懣《ふんまん》やるかたない様子でした。

その場で反論するのかと思ったら、「私はもう年ですので、この場で曖昧な答えはいたしません。いきさつをきちんとまとめて、次回報告をします」と自らの言葉で毅然と締めくくりました。

経緯をヒアリングしてまとめ終えた私が「私から調査官に説明しましょうか」といったところ、ご自身でお手紙を書いて読み上げたいとのこと。そこで、結局は奥さん自身が税務調査の場で読み上げることになりました。

師範学校を出て戦後まだ女性教員が少ない中、共働きで苦労しながら4人の子供を育て、家計を支えたこと。教員であるため銀行や郵便局へ行く時間がなく（当時、ＡＴＭもない時代）、事業を行っていて時間に融通が利く夫に預けたこと。引退後、そのお金を自分の通帳に戻したこと（これが疑われた）などを、便箋3枚ほどにまとめて読み上げたのです。

テレビ番組で日頃伝えにくい感謝の気持ちを手紙にして読み上げるシーンがありますが、調査官との受け答えの中で話すよりもやはり手紙のほうが説得力があったようで、最後には調査官も「疑って申し訳ありませんでした。どうぞお体に気をつけて長生きなさってください」と帰っていきました。

話は戻りますが、自ら発信したおもしろ動画が原因で賠償責任を追及されたり、暴露話が名誉棄損となったりするケースも増えてきましたが、ＳＮＳの発信が税務調査の呼び水になることもあるので投稿は慎重にしましょう。

6　相続人が把握していない財産を、税務署が知っている場合も

「最近、死んだオヤジの相続税の税務調査に入られてさ」

「そんなにお金持ちだったっけ？」

「相続税がかかるか計算して基礎控除以内だったから申告しなかったんだ」

「で？」

「昔やっていた会社に対する貸付金があるといわれた」

「回収できるの？」

課税対象は亡くなった日現在の財産だけではない

相続税の申告は相続開始日の財産を時価（相続税評価）で計算することになっていますが、税理士に依頼しないで作成する場合は特に注意が必要です。税理士が申告書を作成していないというだけで、税務署は「何かミスをしているだろう」と疑います。

相続財産として漏れがちなものとして、以下が考えられます。

①生前贈与

まずは相続開始前の贈与財産です。現在は、相続開始前3年以内の贈与は相続税の計算に加算することになっています。これが税制改正で、２０２４年分の贈与から7年分加算することになります。そのため、申告する際には、7年分の預金の動きを解明しなければならなくなります。相続人全員が贈与税の申告をしているとは限りませんし、生前贈与の質問を受けても知らんぷりする相続人も多いのです。脱税したいというよりは、生前贈与が多いとその分が考慮され、相続での分割協議が不利になるからです。

②預金から引き出された使途不明金

お嫁さんなどに財産管理をしてもらっていた場合を除き、親が生前に引き出したお金がどのように使われていたかを把握するのは困難です。旅行や買い物、家の修繕など家計簿をつけていれば把握できますが、これらで別の財産が形成されているかもしれないと疑われます。過去においては、息子が亡母のお金を2年間で14億円引き出してその使途を明らかにせず、

「不当利得返還請求権」として課税された例（東京地裁令和5年2月24日判決）もあります。

③同族会社の株式や貸付金

親が会社経営していた場合は、その税理士さんが相続税の申告を行うため通常は漏れることはないのですが、もし親の会社のこと（決算内容）を知らないと財産から漏れることになります。

貸付金は、会社の資金繰りがうまくいかないために貸し付けているケースが多く、回収不能の可能性があっても法的な要件を満たしていないとまるまる課税されてしまうので、生前に処理しておかなければなりません。

また、過去においては、会社を設立するときに複数名の株主が必要な時代があり、名義を貸しただけ（その会社の株主名簿に載ったまま）の財産も課税される可能性があります。

④親族や友人に対する貸付金

個人間のお金の貸し借りは税務署も把握が困難ですが、不動産などを購入したときに「贈与なのか借入金なのか曖昧な」資金調達があります。そのような場合、税務署に購入資金の出所を聞かれると「○○さんからの借入金」と答える人が多いのですが、そういう場合、税務署は「貸した側の財産」として国税総合管理（ＫＳＫ）システムに記録します。貸した側も借りた側も忘れていても、税務署は忘れてくれません。友人にお金を貸したとき、奥さんに怒られるので家族には内緒にしている場合も多いのです。

⑤現金

以前、税務署の税務調査で「現金が漏れていませんか」と指摘を受けたことがありました。亡くなる前3年分の預金引き出しのチェックも行い、あるべき現金も申告していたので、「それはありません！」と自信を持って回答しました。

すると調査官はこういいました。「今回、相続人がそれぞれ弁護士を依頼して分割協議を行ったので推測なのですが……」「私には理解できませんがどういうことですか？」「葬儀費用や多額の医療費の未払い分を払っていますが、生前に引き出したお金では足りない勘定です。もめている間は銀行預金が凍結されていますので、相続開始後は引き出せません」。

私は、「相続人の誰かが払ったのではないですか」と反論しましたが、「すでに全員の銀行調査は済ませてありますが、そのような動きはありませんでした」とのことでした。そこで相続人に確認したら、父親が亡くなった日に書斎を整理すると、現金400万円が出てきたので皆でその場で分けましたというのです。まるでその場面を調査官がのぞいていたようで、恐ろしかった記憶があります。

「税務署だけが知っている財産」もある

私が担当した数年前の相続で、「亡くなった母親に、海外に財産があったのではないか」との疑いから税務調査に至った例がありました。その母親は白血病を患って、最後は母国のA国で亡くなりました。その母親が、生前、日本で確定申告をしていたときに「国外財産調書」を提出しており、海外に数億円財産があることになっていたのです。「このお金が相続税の申告に反映されていないのではないか？」という税務署の疑問です。

相続人である子供たちもこの財産の存在を知らされておらず、税務署からの問い合わせで知ることになりました。母親の母国の金融機関で名寄せをしていろいろ調べたら、すでに長女の名義になっていたことがわかったのです。名義人に対してほかの兄弟は疑心暗鬼になりましたが、本人は「知らない」の一点張りです。

よくよく調べたら、母親の余命がわずかであることを察知した母親の兄が、今後のことを考えて子供名義に変更したことがわかりました。日本でいう名義預金です。

現在の日本ですと、このような預金の名義変更や預け替えは、金融機関の確認が厳しくて簡単にはできません。しかし、松本清張原作のドラマ「黒革の手帖」のように、日本もかつては安易に名義預金を作ることができました。いまだに容易に変更できる国があることに驚きました。もちろん税務署の指導にもとづき修正申告をしたのですが、自分が知らない間（母の相続開始から修正申告までの2年間）にも運用益が生じており、所得税の修正申告も提出することになりました。

裁判事例では、ハワイにある預金が相続財産から漏れていたというケースもあります。相続人（前妻の子供と後妻）は当初、ハワイの預金の存在を知らず（後妻は知っていたはず）に、遺言にもとづき父親の相続税申告を行いました。その後、税務調査によりハワイの銀行預金について指摘されましたが、すでに後妻名義になっていました。遺言では預金は子供へとなっていたため、子供が「預金は僕のものになるはずだ」と主張して裁判になりました。

ハワイの銀行では、プロベートという米国での相続手続きを省略するためジョイントアカウント（共有名義の預金）の手続きが取られていました。これは、相続を開始するとプロベートを経ずに本人名義が抜け、自動的に後妻名義に変更されるものです。日本の裁判所で「日本での遺言とハワイのジョイントアカウントのどちらが有効か」で争い、ハワイの手続きが優先されるという結果に終わりました。

このケースでは、米国と日本でお互いの非居住者の預金情報を交換する制度である共通報告基準（ＣＲＳ：Common Reporting Standard）により、ハワイの預金口座の存在が発覚したのです。

まだまだ事例を挙げればきりがないのですが、税務署が持っている情報は、相続人の情報よりケタはずれに多いのです。税務署が財産を見つけてくれるのは助かるのですが、だいたいが相続人の誰かの手に渡っており、被相続人の課税財産が増えることにより全体の税額が増え、ほかの相続人の税額を押し上げるだけの結果になるのが残念です。

7 「書面添付」で税務調査は回避できるのか?

「先生、実は一度、父の相続のときに税務調査を受けました。そのとき、私の妻が父から生前贈与を受けていたことが妹にバレて、大変だったんです」

「申告漏れだったんですか?」

「いえ、妻は贈与税をちゃんと申告していましたが、それも知らなかった妹が『不公平だ』って騒ぎ出したんです。今回の母の相続でも、妹の前で税務署の方に質問されると知られたくないこともあるので困るんですけど……」

「わかりました。ある書類を提出することにより、税務調査の前にあらかじめ税理士と税務職員だけでやり取りすることはできますよ」

〝恐怖の〟税務調査にワンクッションを

税務調査の際は、税理士だけでなく被相続人の財産について一番詳しい相続人(配偶者がいる場合は配偶者、いない場合は同居親族など)が立ち会いますが、状況によっては他の相続人も同席して対応することがあります。

その際、被相続人のお金の行方をこと細かく質問されます。調査官も悪気があって質問するわけではないのですが、冒頭の例のように、神経質になっているきょうだいなどはその内容に敏感に反応するのです。この問題を解決する切り札が「書面添付」です。

2001年の税理士法の改正により、税務調査を受けることになった場合、必要なことを具体的に記載してある書面（税理士法33条の2の書面）が添付されていれば、税理士に意見陳述の機会（同35条）が与えられることになりました。これにより調査前に相続人抜きで、税理士と税務署員がサシでやり取りできるようになったのです。

この段階で税務署が疑問を解決できれば、調査自体が省略となります。また、この段階で申告に誤りがあったため修正申告に及んだ場合でも、特別な場合を除き、修正税額について「加算税がかからない」といったメリットもあります。

今では、どの税理士も相続税の申告にはこの書面を添付しているはずです。添付するチェックシート（図4－1）には細かく確認事項が記載されており、税務署はこれを基に税務調査先を検討しているのだと思います。

冒頭のケースのように、親の生前贈与についてきょうだいの逆恨みを買うことで親族間に

［図4－1］ 税理士法第33条の2の書面添付に係る チェックシート〔相続税〕（一部抜粋）

（令和５年１月以降提出用）

項目	確認事項（確認欄にチェックしてください）	確認書類	確認(レ)	該当の有無(レ)	添付(レ)
相続税の納税地	○ 被相続人の死亡時の住所地を納税地としていますか。 ※住所地とは被相続人の「生活の本拠」をいい、住民登録上の住所と一致しない場合があります。	◇ 被相続人の戸籍の附票の写し（相続開始の日以後に作成されたもの）（※１）	□	－	□
		◇ 老人ホーム等への入所時における契約書の写し等			□
相続人等	① 法定相続人に誤りはありませんか。	● 戸籍の謄本、図形式の法定相続情報一覧図の写し等（※２）	□	－	□
	② 相続人に未成年者や障害者の方はいませんか。	◇ 特別代理人選任の審判の証明書、身体障害者手帳等	□	□有□無	□
相続財産の分割等	① 遺産分割協議書はありますか。	○ 遺産分割協議書及び各相続人の印鑑証明書（※３）	□	□有□無	□
	② 遺言書はありますか。	○ 家庭裁判所の検認を受けた遺言書の写し等（※３）	□	□有□無	□
相続 不動産	① 未登記不動産はありませんか。	◇ 所有不動産が確認できるもの（固定資産評価証明書、登記済権利証、登記事項証明書、国外財産調書(控) 等）	□	□有□無	□
	② 共有不動産はありませんか。		□	□有□無	□
	③ 先代名義の不動産はありませんか。		□	□有□無	□
	④ 他の市区町村に所在する不動産はありませんか。		□	□有□無	□
	⑤ 日本国外に所在する不動産はありませんか。		□	□有□無	□
	⑥ 他人の土地の上に存する建物（借地権）及び他人の農地を小作（耕作権）しているものはありませんか。	◇ 土地の賃貸借契約書、小作に付されている旨の農業委員会の証明書	□	□有□無	□
相続 有価証券	① 名義は異なるが、原資、管理、運用等の状況から被相続人に帰属するものはありませんか（無記名の有価証券も含みます。）。	◇ 証券、株券、通帳又はその預り証	□	□有□無	□
	② 株式の割当てを受ける権利、配当期待権はありませんか。	◇ 評価明細書等	□	□有□無	□
	③ 増資等による株式の増加分や端株について計上漏れはありませんか。（端株を有する場合⇒該当「有」）	◇ 配当金支払通知書等	□	□有□無	□
	④ 日本国外の有価証券はありませんか。	◇ 証券、株券又はその預り証、国外財産調書（控）等	□	□有□無	□

（出所）国税庁ホームページより抜粋
https://www.nta.go.jp/about/organization/tokyo/topics/33no2/pdf/04161103_02.pdf

ヒビが入り、その後の親戚付き合いに支障をきたすこともあります。こうなると復縁はなかなか難しく、親にもらった分の何割かを渡すからといっても怒っているきょうだいは納得しません。

お金がもとで発生したトラブルだからといって、お金で解決できるとは限らないのです。

作成するのは税理士、依頼者の作業はゼロ

図４－２は日本税理士会連合会のホームページに掲載されて

いる「書面添付制度のフロー図」から作成したものです。

税務調査の前段階で税理士が意見陳述を行いますが、税務署もその段階で「具体的な質問」をしてくることは少なく、「税務調査」に入る前段階の手続きの儀式のような感じで運用している感じがします（この段階で税務署が指摘をしてくれれば速やかに修正申告ができ、加算税の節約ができるのですが……）。

［図4－2］ 書面添付制度のフロー図

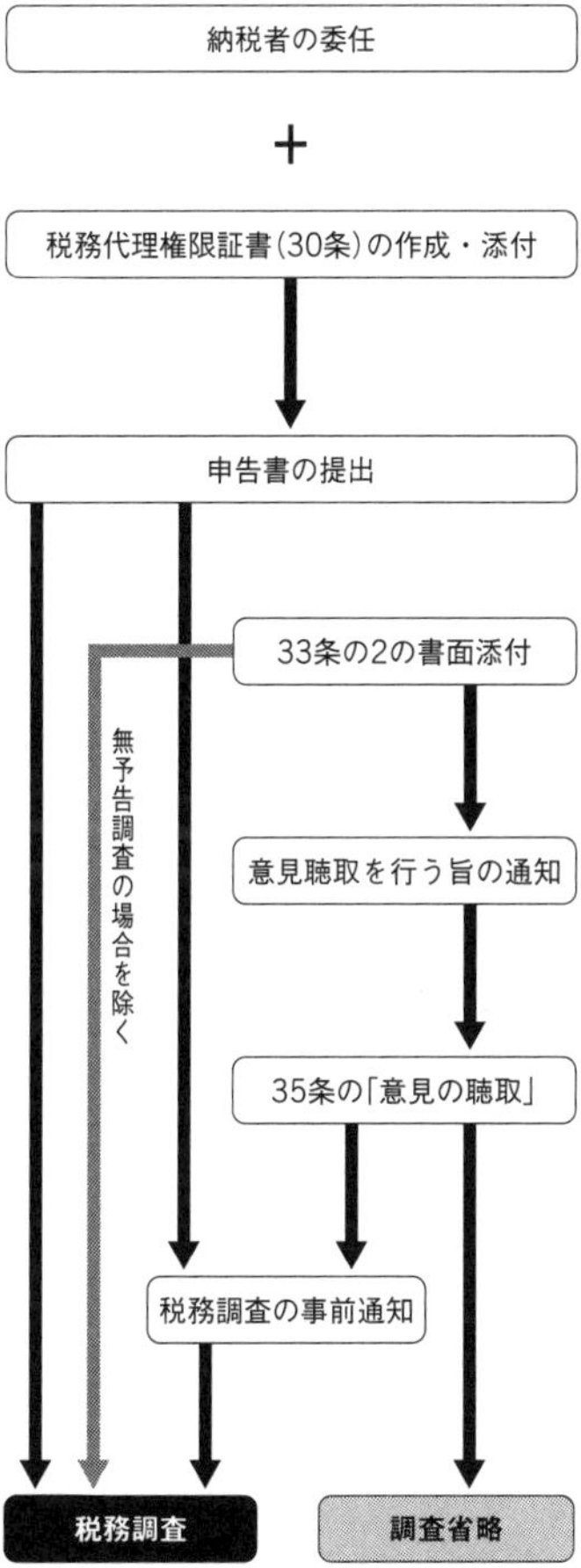

（出所）日本税理士会連合会のホームページより作成
https://www.nichizeiren.or.jp/taxaccount/document/

会社などで定期的に行われる税務調査では社長の他に経理担当者が立ち会いますが、この場合は両者が協力してなんとか税務調査を乗り切ろうとします。

しかし、相続税の調査の場合は「（きょうだいや親が）許せない！　税金を払ってもいいから真実を追究したい」というモードに突入する相続人もいて、誰が敵だかわからなくなる場合すらあります。このような事態を避ける意味においても、この書面添付は必要となります。

そして、書面添付を併せて頼んでも依頼者側の作業負担が増えることはほとんどありません。せっかく税理士に依頼するのであれば、書面を作成する分の費用をいくらか追加しても、この切り札を使わない手はないわけです。

第5章

厄介事が多い会社の相続

1 経営者が遺言を書くべき最大の理由

先日、会社社長だった夫が亡くなって困っているという奥さんから相談を受けました。

「実は、私は主人の会社のことはまったくわからないのです。役員の方々ともあまり交流はありませんし……」

「了解しました。会社の運営がストップしないように、1つずつ確認していきましょう。まずは相続人の状況を確認させてください」

「その件ですが、私たちには子供がいないので、相続人は主人の兄と私になると思います」

「その義理のお兄様とは良好な関係ですか？」

「それが、随分前に父の相続でもめたとき以来、連絡は取っていないのです」

「今回の相続は、奥様とお兄様が話し合って分割協議をまとめなければなりません。まず、お兄様と連絡を取り合うところからですね」

「え、また義兄とのやり取りが始まるのですか？　それも今度は私と？」

株式が共有されるといろいろと宙に浮く

今回のケースでは相続人である奥さんと義理の兄とで話し合って遺産分割協議を進めることになりますが、社長のお父さんの相続のときに一度きょうだいでトラブルがあったということですので慎重に進めなくてはなりません。

もめた結果、お兄さんの満足のいく結果になったのであれば問題ありませんが、そうでない場合は今回の相続で巻き返しを図ってくる可能性があります。

相続人が「配偶者＋兄弟姉妹」の場合、配偶者の法定相続分は4分の3、兄弟姉妹の法定相続分は4分の1となっていますが、仮に折り合いがつかなければすべての財産について「相続による名義変更ができない」ことになります。

お兄さんは亡くなった社長の会社を継ぐつもりはないようでした。したがって、社長が所有していた会社の株式にはまったく興味がないはずですが、他の財産をめぐって攻防戦を繰り広げることになれば、この株式についても奥さんが相続することについて首を縦に振らない可能性もあります。

会社の株式は、分割協議が調うまでは複数の相続人で共有することになります。

注意しなければならないのは、発行済み株式が４００株だとすると法定相続分通りに奥さんが３００株、義兄が１００株ということではなく、「２人で共有している株式が４００株存在する」ことになるのです。

この場合は、共有者同士で話し合ってどちらかを代表と決めて議決権の行使に臨むことになりますが、もめているときにはどちらが代表になるかでももめて、なかなか決着がつきません。そうすると、株主総会を開いて決議しなければならない重要な事項について決議ができず、結果として会社経営に影響を及ぼすことにもなりかねないのです。

「新社長へ変更できない」「死亡退職金も払えない」「保険金の請求もできない」

社長が亡くなった場合、新しい代表者を選任しなければなりません。しかし、こうした事情だと株主総会での決議ができない（多数決すらできない）ため、相続問題が解決するまで新社長への変更ができないことになります。

本来であれば、速やかに次の社長にバトンタッチして取引先や従業員に安心感を与えたいところですが、代表者変更の決議ができないと登記もできませんので、外部から見ている人には「内紛でもあるのかな？」と感じさせてしまいます。

新社長が決まらないなんて、会社としては由々しき事態です。個人事業主ではないので銀行預金が凍結されるという心配はありませんが、他の面で業務が停滞してしまいます。そのせいで業績が悪化したら、事は親族の内輪もめだけでは収まりません。

会社存亡の危機にも

役員の突然の死亡に備えて「経営者大型総合保障制度（経営者大型保険）」に加入している会社は多いと思います。しかし、保険会社は社長の死亡という事実だけでは生命保険金を払ってくれません。新しい代表者の印鑑証明書を添付し、保険会社に請求しなければならないのです。つまり、新しい代表者が選任されなければ保険の請求もできないのです（複数代表の会社はどちらかが請求すればＯＫ）。会社はその保険金で役員退職金を支払うために加入しているのですが、「役員退職金の支給」は株主総会での決議事項です。

このケースからも明らかなように、相続人の間での話し合いがこじれそうな場合もそうでない場合も、「経営者は遺言を書いておかなければならない」といえます。

「他の財産はみんなで話し合ってくれ。しかし、会社の株式は○○（個人名）へ相続させるぞ」と明記しておかないと、会社が迷走することにもなりかねないのです。

2 自分の赤字会社へ財産を「遺贈」。そんな節税アリ？

「先生、遺言って相続人宛てにしか書けないんですか？」

「いいえ、お世話になった人とか親族以外の人宛てにも書けますよ」

「じゃあ、法人へは？」

「法人へも書けます。最近はＮＰＯ法人や社会福祉法人などへ財産を遺贈するのも流行ってますよね」

「たしか法人には相続税はかからないんでしたよね。ということは、父の財産を私の法人に遺贈してもらえば相続税はナシで済むってことですか？」

「基本的にはそうなんですが、場合によっては逆に法人税、譲渡所得税、相続税のトリプル課税もあり得ますよ」

「ト、トリプル課税？」

自分の経営する会社への遺言もＯＫ

意外に知られていませんが、遺言は自然人（普通の人間のこと）宛てでなく、法人に対してでも書くことはできます。

遺言により財産を渡すことを「遺贈」といいますが、最近は遠い親戚より、公益法人や認定ＮＰＯ法人などへの遺贈（寄付）をしたいという話もよく聞きます。

たとえば、私が最近相談を受けた事例は、障害のある子供に財産を残したいけれど、子供に直接財産を遺贈しても面倒を見てくれる人がいないため、「成年後見人」を選任した上で施設に財産を遺贈したい――という内容でした。しかも、ただ単に施設に財産を遺贈しただけでは施設が自由にその財産を処分できてしまうので、「私の子供の介護および財産管理をお願いします」という内容を織り込んだ遺言を作成したい、とのことでした。

このように、財産を渡す代わりにお願い事をする遺言を「負担付き遺贈」といいます。負担付き遺贈（贈与）という言葉からは、たとえば、不動産とそれにかかるローンを同時に引き継がせる例がイメージされますが、前述のように「負担」は借金とは限らないのです。

話を戻しますと、法人にも遺言が書けるというからには公益性の高い法人だけでなく、同族会社である株式会社への遺贈でもOKなのです。冒頭の会話のケースは、「父の財産を自分の法人に遺贈させたら法人税の対象になるだろうが、相続税よりはマシ」という節税目的です。

受け取る法人側には法人税がかかりますが、青色申告をしている法人なら欠損金（赤字）を10年間繰り越せますので、この金額の範囲内の遺贈であれば法人税はかからないことになります。もちろん法人に対しては相続税はかかりません。

専門家も恐れる「みなし譲渡課税」

冒頭のように自分の赤字会社へ財産を遺贈してもらったら、相続税はかからず（赤字の額によっては法人税もなく）、一見非常によさそうに思えます。

しかし、ここに大きな落とし穴が存在するのです。

所得税には「法人に対し、時価の2分の1未満の価額で財産を譲渡した場合には時価で譲渡したものとみなす」という規定が存在します。これを「みなし譲渡課税」といい、専門家の間では恐れられています。規定は理解していても「時価」が明確でないため、2分の1相当額がいくらになるのか相談者にハッキリ助言できず、厄介なわけです。

この制度はまさに、意図的に法人へ安い金額で財産を売却して譲渡益を少なくすることを防ぐ目的で設けられています。個人間で低い金額で譲渡したら贈与税の問題が生じますが、個人が法人へ財産を安く譲渡したら譲渡所得税がかかるのです。

仮に会社社長で被相続人（亡くなった方）のAさんが遺贈により自分の会社に不動産を渡した場合は、この「みなし譲渡」に該当するため、Aさんには譲渡所得税の納税義務が生じます。しかしAさんは死亡していますので、相続人（財産を受け継ぐ方）がその納税義務を承継することになります。

法人へタダで不動産を移行するけれども譲渡所得税が発生し、これをほかの相続財産を切り崩して納付することになるのです。これは、相続人が相続で取得した財産を譲渡（寄付）するのと異なり、「相続財産を譲渡した場合の取得費の特例」などは適用されません。あくまで被相続人が譲渡したという扱いとなります。

さらに相続税がかかることも……

相続税法第9条には、「相続税の対象となる財産以外でも、他人の行為により利益を受けた場合には相続税や贈与税が課税される」という規定が存在します。これは、直接的な財産移転でなくても相続や贈与により利益を受けたら課税されるというもので、要注意です。

冒頭のケースでこの規定が適用されてしまうと、法人税、みなし譲渡課税、そして相続税のトリプル課税となってしまうのです。

たとえば、会社が不動産を遺贈で受け入れると会社の純資産は増加するため、株価が上昇し、株主たちは利益を享受することになります。この結果、株主たちは直接財産を受け取るわけではなくとも、被相続人の遺贈という行為によって間接的に利益を享受したことになり、相続税（生前に行えば贈与税）の対象となるのです。

もちろん、法人の赤字が遺贈される財産を上回っていれば、法人税も譲渡所得税も相続税もかからない場合もあり得ますが、総合的に「租税回避行為だ」とみなされないよう厳重に注意する必要があります。効果の強い節税対策には「副作用」もつきものだということです。

3　独身の兄の会社。万一のとき、弟は引き継ぐべきか？

「先生、父の相続ではお世話になりました。兄が父の会社を継いだ当時は大変でしたが、ようやく軌道に乗り始めて安心しているところです」

「よかったじゃないですか。支店も出されたようですね」

「一時は兄の会社を手伝おうと思ったこともありましたが……」

「きょうだいで経営するとうまくいかなくなる例もありますしね」

「でもこの間、兄から『オレに万が一のことがあったら会社を頼むぞ』といわれたんですよ」

「お兄さんは独身で、ご両親も他界されていますからＡさんが相続人ですものね」

「そうなんです！　もうそろそろ考えなきゃいけない年なんですよね、兄も私も」

会社の経理担当者とは会っておくこと

オーナー経営者にとって、後継者問題はもっとも重要な課題です。50歳を過ぎた頃から

「いつまでも自分は若くないし、この先どうすればいいんだろう。早く後継者を見つけなければいけないなあ」と思い始めます。

一方、この問題は経営者の相続人にとって、より深刻な問題ともいえます。冒頭のケースのように親族後継者がいない場合は、相続となると、「会社の存続をどうするか」と「財産の相続をどうするか」の2つの問題が同時に発生します。

後継者が決まっていない場合は従業員も取引先も「弟さん、なんとかしてください」となるのが普通です。そうなると、「いやいや、兄は実家を継いでこれまでいい思いをし、私は何ももらわずに東京でサラリーマンをしてきました。だから関係ないです」では済まされないのです。

相続問題が片付くまでの間も会社や取引先は待ってくれません。社長に相続が発生しても会社の業務は日々動き続けています。社長であるお兄さんに相続が発生すると、会社の内容をまったく理解していない弟さんに対してでも、

「従業員のボーナス、とりあえずいつも通りでいいですか?」
「銀行の借り換えの件、決裁してもいいですか?」
「取引先が心配して面談を求めていますが」

など、いろいろな質問が浴びせられます。このようなときに、

「いつも通りというが、ボーナスの支給基準は？」

「会社の資金繰りの状態は？　メインバンクとの関係や、提示されている条件はどうなっている？」

「取引先別の損益を見せて」

などと正しく指示できる人は、ご自身が経営者である場合以外ないでしょう。

しかし、経営を知らないサラリーマンでも、現実にこういった事態に直面する可能性はあるのです。そんなとき、社長である兄と従業員の関係がギスギスしていたら協力を得られずに大変なことになります。そのときになって、「はじめまして、社長の弟です」「経理の○○です」などと挨拶しているようでは、スピーディーに事は進みません。今からでも、会社の経理担当者と人間関係を構築しておいたほうがいいでしょう。

税理士を紹介しておいてもらうことも忘れずに

サラリーマンにとって、税理士とは身近な存在ではないかもしれません。住宅ローン控除や医療費控除などの確定申告は国税庁のウェブサイト経由でもできますし、相続や自分で事

業を始める場合を除けば、世話になることも少ないといえます。

しかし、法人となると話は別。税理士は会社のナンバー2や経理担当者と並んで、事業承継に重要な存在となります。さまざまな課題も「頼りになる税理士」であれば一緒に解決してくれるはずですし、その後もしばらく寄り添ってくれるでしょう。

とはいえ、人間関係が希薄になっている昨今、「税理士と社長の距離」もさまざまです。私のところに「税理士を代えたい」と相談に来られたお客様に税理士への不満を聞くと、「経理や税務指導だけで経営のアドバイスをくれない」という内容が圧倒的に多いと感じます。

当の税理士本人に聞けば、「いや、もともと税務経理だけをお手伝いしているのであって、経営全般をサポートする契約にはなっていませんから」と釈明するのでしょうが、相談にみえる社長さんたちからは「多少顧問料が増えてもしっかりしたアドバイスが欲しい」という声が多いのです。

もしお兄さんから「うちの税理士はなぁ……」とため息まじりの言葉が出たら、「お兄さん、一度でいいからその税理士さんに会わせて」といってみましょう。人間関係づくりに加え、今どこまでアドバイスしてもらっているのかも聞いておくのがいいと思います。

4 社長が認知症になった。さあ、どうする？

「最近うちの社長、言った言わないが多いな。言ったことを忘れるならまだしも、言ってないことを言った言ったって」

「この間も部長に『指示しただろ』と怒鳴ってましたね」

「社内の人間は半ばあきらめているが。あれじゃ、お客様の前には出せないな」

「契約上のトラブルになったら困りますもんね」

「そのうち経営判断ができなくなるのではと心配だ」

社長（株主）が認知症になると困ること

一般的には加齢による物忘れと認知症による物忘れは図5－1のように区別されています。

中小企業の社長さんには、「冗談ばかりいって場をなごませる」という方も多いと思います。しかし、高齢化に伴い、冗談なのか物忘れなのか勘違いなのかわからない発言が多くな

[図5－1]　加齢による物忘れと認知症による物忘れの違い

	加齢によるもの忘れ	認知症によるもの忘れ
体験したこと	一部を忘れる （例）朝ごはんのメニュー	すべてを忘れている （例）朝ご飯を食べたこと自体
もの忘れの自覚	ある	ない
探し物に対して	（自分で）努力して見つけようとする	誰かが盗ったなどと、他人のせいにすることがある
日常生活への支障	ない	ある
症状の進行	極めて徐々にしか進行しない	進行する

（出所）政府広報オンライン「知っておきたい認知症の基本」(2022年〈令和4年〉10月31日)

ると、周りのスタッフをヒヤヒヤさせることになります。そして、冗談では済まされない深刻な事態に陥る日が来ることもあります。「毎日探し物をしている」「日付や曜日をよく間違える」「簡単なペーパーワークができなくなる」「同じものを何度も買ってくる」「暗証番号をよく忘れる」などの症状が頻繁に出始めたら対策を始めなければなりません（もちろん個人差はあります）。

組織ができ上がっている会社の場合は、社長は決裁業務や銀行対応（世間話）、取引先への表敬などが主な仕事で、社長がいなければ会社がすぐ倒産するケースのほうが少ない気がします。しかし、コロナ禍に突入したときのような非常事態では、社長に強力なリーダーシップを発揮してもらわなければならないため、認知症を患っていてはかじ取りができません。
中小企業においては、「社長＝株主」といっても過言ではありません。社長の役割はほかの役員がサポートするとしても、株主の役割（議決権の行使）は法的な権利行使であるため身代わりはいないのです。
大株主が議決権を行使できないと、次のようなことが起きてきます。

- 株式の譲渡や贈与ができない
- M&A（合併・買収）や事業譲渡ができなくなる
- 自分で代表を退職（辞任）できない
- 役員退職金が受け取れない

つまり、株主としての判断能力がない、と会社を売ることも自分で身を退くこともできないのです。

「認知症だから即後見人」というわけではないが……

「認知症」とは、さまざまな脳の病気により、脳の神経細胞の働きが徐々に低下し、認知機能（記憶、判断力など）が低下して、社会生活に支障をきたした状態をいいます。65歳以上の高齢者では、7人に1人が認知症といわれています。認知症は年齢を重ねるほど発症する可能性が高まり、今後も増え続けると予想されています。

認知症になる可能性は誰にでもありますし、認知症を患った方々の心情もさまざまのようです。「認知症は本人には自覚がない」という考えも大きな間違いであり、最初に症状に気づき、誰より一番不安になって苦しむのは本人といわれてます。税理士としての経験の中で「認知症の社長」をあまり見たことがないのは、自らが認知症を認知し、「自分は社長として失格だ。会社のためにも引退しよう」と決意して退いているケースが多いのだと思います。しかし、認知症を自覚できず、「歳を取ったから物忘れするようになっただけ」と思い込んでいる場合は要注意です。

家庭においては、「認知症になったら即後見人が必要」というわけではありません。「日常生活に支障が出たら家族が介護すればいいだけの話」（負担は大きいですが）です。しかし、社長となると、その業務はすべて「重要な経営判断」や「契約行為」であるため、家庭内の解決とは次元が異なります。一歩間違えると巨額の損害賠償責任が発生したり、従業員の大量退職、資金繰り悪化につながったりするため、法的な対応ができるよう後見人を検討することになります。

後見人の手続き

後見人には任意後見と法定後見の2種類があります。任意後見は、「自分が認知症になったら○○さんに後見人となってもらいます」という事前予約する制度です。

法定後見は、「認知症になってしまったときに裁判所に後見人を選んでもらう」制度です。何も準備をしないで認知症になってしまった場合は法定後見しか選択できません。法定後見は本人の判断能力の程度に応じて、「後見」「保佐」「補助」の3つに分かれており、これらをまとめて成年後見人等と呼びます。

〈任意後見の手続き〉
①本人＋後見人候補者が公証役場で任意後見契約を締結↓この段階ではまだ予約しただけ
②判断能力が低下したら「任意後見監督人」の選任を裁判所に申し立てる
③任意後見監督人の選任後、後見人登記し、後見契約にもとづき職務を行う

〈法定後見の手続き〉
①本人、配偶者、４親等以内の親族らが家庭裁判所で「後見」「保佐」「補助」開始の申し立て
②裁判所で審理・審判手続き
③審判確定後に後見人登記、後見人は職務を行う（監督人は必要に応じて選任）

今からやるべきこと

民法において「成年被後見人」は、「精神上の障害により判断能力を欠くとして、家庭裁判所から後見開始の審判を受けた人」と定義されています（民法第８条）。社長が被後見人となるとどうなるのでしょう。

以前は、被後見人および被保佐人となると欠格条項や欠格事由に当たり、国家公務員、自衛隊員等の就業資格、弁護士、医師等の専門資格、取締役等、法人の役員となる資格、貸金業、建設業、風俗営業等の営業資格といった資格が失われてしまいました。

しかし、２０１９年６月14日、「成年被後見人等の権利の制限に係る措置の適正化等を図るための関係法律の整備に関する法律」が公布され、成年被後見人等を資格・職種・業務等

から一律に廃除する規定等（欠格条項）は削除されています。

そのため、後見が開始し、被後見人となったからといって、自動的に資格を喪失してしまうということはありませんが、任期満了までは後見人がかじ取りをすることになります。そして、新たに役員を選任するとき、被後見人である現社長も含めて、後見人の判断で「社長に適しているか」判断することになります。

裁判所から選ばれた後見人は、今までの会社の経緯や社長の考え方を熟知しているとは限りません。そのため後見人は、役員や株主から意見を聴収し最大公約数による判断をせざるを得ないことになります。当然、新規事業や大胆なＭ＆Ａなどは回避するでしょう。ある日突然、ということは起こりにくいとは思いますが、

- 後継者を決めて複数代表
- 持ち株会社などへ株式を譲渡
- 会社の事情をよく知る専門家に任意後見人となってもらう
- 信託制度を活用する

などを検討しておく必要があるでしょう。

5 「保証債務」の相続は厄介。保証人の地位も引き継ぐことに！

「先生、会社の移転に伴って、また銀行借り入れが増えてしまいましたよ」

「事業拡大、結構じゃありませんか。銀行も信頼して貸し付けできる会社が少ないですから」

「自分の会社だから仕方ありませんが、今回も銀行に連帯保証人を求められました」

「民間の金融機関でもそういう例は減っているんですがね。政府系金融機関では社長の連帯保証も不要になっています。保証より返済能力を重視すべきと考えるなら当たり前の話です」

「ところで、私が死んだらこの連帯保証、どうなるんですか？」

「相続されますよ。息子さんに」

「えっ、息子は普通のサラリーマンですよ！　事業の後継者ではなくて」


親が交通事故の加害者であった場合、子供は損害賠償義務を引き継ぐ

経営している会社が金融機関からの借り入れをする場合、ほとんどの代表者は連帯保証人としてサインします。会社が約束通りに返済できているうちはいいのですが、返済が滞ってしまうと債権者は連帯保証人のところに回収に来て、「あなたは連帯保証人なのだから代わりに払いなさい」ということになります。

一般的にいわれていることでもありますが、家族の保証人になるのはともかく、友人や取引先の保証人になる場合はよくよく注意が必要です。そして相続と連帯保証がからむと、さらに厄介なことになるのです。

親が金融機関から借り入れをしていた場合、その債務を相続人である子供たちが引き継ぐということは知っていても、保証人という立場を引き継ぐということは意外に知られていません。他人の保証人となって、債務者が返済できなくなった場合に代わりに返済することを「保証債務の履行」といいますが、この保証債務も相続の対象となるということです。

つまり、父親が取引先の借金の保証人になっていたら、たとえその事実を知らされていなかったとしても、その保証債務は相続人たる奥さんや子供たちが引き継ぐわけです。

そして、その取引先が不幸にして倒産したら、それを後継者でもない奥さんや子供たちが返済することになるのです。こうなると自分の人生、一体誰に捧げているのかわかりませんね。

また、保証債務の存在そのものを相続人が認識していないケースもあり、のちのちトラブルになりやすいのです。さらに、遺産分割協議で相続人が複数いる場合に「相続人Aが保証債務を引き継ぐ」と決めても、第三者である債権者に対しては無効であり、法定相続分にもとづいて負担を求められます。

これは、損害賠償責任についても同じことがいえます。交通事故の加害者であった親が死亡した場合などは、その子供は相続により損害賠償義務を引き継ぐことになります。またたとえば、医師であった親の死亡後に患者さんから医療訴訟を起こされたら、相続人は（後継者たる医師でなくても）受けて立たなければならないのです。

税務上は「確定していなければ控除できない」

保証債務について、相続税の計算はどうするのでしょうか。

現預金、株式、不動産などの「積極財産」だけではなく、借入金や未払い金などの「消極財産」も相続税の対象（控除の対象）となるので計算に反映させます。積極財産には当然課税されますが、消極財産のほうは債務控除の対象として遺産総額から差し引けます。

ただ、ここで取り上げた保証債務は原則として債務控除の対象にはなりません。

これは、保証債務を履行（肩代わり）した場合には、保証人が債務者に対して返済してもらえる権利（求償権といいます）が発生し、のちのち補塡される――という前提であるため、確実な債務とはいえないからです。税務上は「確定していなければ控除できない」のです。

ただし、主たる債務者が弁済できない状態にあり保証人がその債務を肩代わりしなければならない場合で、かつ求償権を行使しても弁済を受ける見込みのない場合には、その弁済不能部分の金額については、債務控除の対象となります。

簡単にいえば、ＡさんがＢさんに「あなたが払うべき債務を私が肩代わりしてＣ社に払ったんだから、ちゃんと返してよ」と迫ったとしても（求償権の行使）、Ｂさんが「すみません、土下座しようが何しようが払うことができません」となった場合には、Ａさんの焦げ付き分は遺産総額から差し引くことができる、ということです。

このように、他人の保証人になるというのは想像以上に影響の大きい話です。

また通常、お父さんは他人の保証人になる際には家族に反対されるのを恐れて、内緒で印鑑を押すケースが多いと思われます。ですから今のうちに必ず聞いておきましょう。「お父さん、誰かの保証人になっていないでしょうね？」と。

6 相続対策に会社設立。それが有利な2つの理由

「会社を設立すると相続税対策になるらしい」ということはなんとなく聞いていても、具体的にどうすればいいのか知っている方はほとんどいないのではないでしょうか。

会社設立というと所得税対策としての「法人成り」（個人事業者が法人を設立して事業を引き続き行うこと）がすぐ頭に浮かびますが、最近は相続税対策としての法人活用が注目されているのです。ポイントは2つ、「財産の証券化」と「生前贈与」です。

年間所得600万円くらいに分岐点

所得税は「累進税率制度」を採用しているため、所得が上がれば上がるほど税率も高くなることは前述しました。そして、その税率は住民税も含めると最高で55％にもなるのです。「税額＝所得×税率」であることから、所得が大きくなると税金の額は加速度的に増えます。

ところが、法人税の税率は常に一定（現在の基本税率は23・4％）なので、一定ラインを

超えると法人税を支払ったほうが有利になるのです。

この分岐点は25年ほど前までの法人実効税率が約50％の時代は「年間所得１５００万円」と考えられていましたが、現在は「年間所得６００万円くらいから」といわれています。法人化のメリットを受けやすい人が増えたといえるでしょう。

不動産賃貸経営を行っている方は、不動産所得が増えてくると節税対策として不動産管理会社を設立します。しかしほとんどの場合、それらはオーナーとテナントの間に入って手数料を取るだけのペーパーカンパニーで、税務署から「実態なし」と判断されてもおかしくない会社が多いのです。

賃貸募集や契約管理、家賃の回収、メンテナンスなど主要な業務のほとんどを大手の不動産管理会社に委託して、入金先だけペーパーカンパニーにしている場合は、事業の法人成りとはまったく異なります。

不動産を証券化すると贈与の費用がかからなくなる

ペーパーカンパニーとして否認されないためには実態を伴うことが必要ですが、それは親族に不動産のプロがいない限り無理な話です。時代は変化しており、税務上否認のリスクを抱えながらわずか数％の手数料を経費化しても、大した節税効果は期待できなくなりました。

そこで最近は、不動産の所有を法人名義にする「不動産の証券化」が増えてきたのです。

法人が所有している不動産ですから、家賃収入をはじめ減価償却費や管理費、固定資産税などの経費がすべて法人に帰属します。そしてある程度の利益を法人に残し、残りは役員報酬として親族も含めて支払います。

この場合、法人税をゼロにするためたくさん給与を支払ったのでは法人名義にしたメリットがないので、低い法人税を納付しながら利益を内部留保していくのです。そうすると法人の株価はどんどん上昇していき、そのままだと相続税も膨らんでしまうことになります。

そこで相続対策として子供たちに、この会社の株式を計画的に贈与していくのです。現物の不動産を数年に分けて贈与すると、測量、分筆、登記費用、不動産取得税などの負担が大変ですが、法人の株式であればそれらの費用は一切かからず、贈与契約にもとづいて臨機応変に贈与できます。

また、自分が会社を作るのではなく子供たちに作らせる方法もあります。そもそも相続人である子供たちが出資者になって設立した会社なら、財産は移転済みのため株価がいくら上がっても相続税の心配をする必要はありません。

会社経営をする覚悟は必須

ただ、不動産の証券化はいいことずくめというわけでもありません。

個人の不動産を法人名義に変更するということは、自分の不動産を自分の会社へ譲渡する（時価で売買する）ことを意味します。自分一人の中で取引をしているようなイメージなので「税金なんてかからないだろう」と思う人もいるでしょうが、個人と法人では別の人格なので課税もあります。

まずこの場合、「適正価額での売買」と「代金決済」を怠ると同族取引として税務署に否認されます。自分が自分に売るのでも、現実離れした値段をつけてはならないし代金もしっかり払わなければならないということです。

もちろん譲渡時に利益が出ていれば（譲渡価額が取得費を上回っていれば）、個人にキャピタルゲイン課税（譲渡益にかかる所得税と住民税）が発生します。また、設立したばかりの会社にはお金がないため、自分から不動産の譲渡を受けようにも資金調達が困難な場合もあります。

この場合には、土地建物のすべてを譲渡するのではなく、建物だけを譲渡して家賃収益を法人に移す方法もあります。これなら土地は譲渡しないので、キャピタルゲイン課税と決済資金を最小化できるわけです（その場合には借地権の課税関係に注意）。

不動産の買い取り資金の調達方法としては「資本金」「オーナー借入金」「銀行借入金」などがあります。買い取り資金が資本金で賄えればベストですが、資本金が少ない場合は資金不足になり、旧不動産オーナーである個人（自分）からお金を借りるか、もしくは分割払いになります。

それは個人にとってみれば会社に対する貸付金または未収金という相続財産になりますし、資本金が大きいと今度は法人税率などに大きく影響してきますので、バランスを考えての検討が必要です。

内藤 克　ないとう・かつみ

税理士法人アーク&パートナーズ代表・税理士。１９６２年、新潟県生まれ。中央大学商学部卒業。95年、税理士事務所開業、２０１０年、税理士法人アーク&パートナーズ設立。現在、司法書士、社会保険労務士、弁護士ら専門家と同族会社の事業承継を中心にコンサルティングを行う。日弁連、日経新聞などで多数講演。ハワイにも拠点を設け、国際相続も手掛ける。ホノルル日本人商工会議所メンバー。

日経プレミアシリーズ　502

残《ざん》念《ねん》な相《そう》続《ぞく》〈令《れい》和《わ》新《しん》版《ぱん》〉

二〇二三年九月八日　一刷

著者　内藤 克
発行者　國分正哉
発行　株式会社日経ＢＰ
　　　日本経済新聞出版
発売　株式会社日経ＢＰマーケティング
　　　〒一〇五―八三〇八
　　　東京都港区虎ノ門四―三―一二
装幀　ベターデイズ
組版　マーリンクレイン
印刷・製本　中央精版印刷株式会社

ISBN 978-4-296-11885-4　Printed in Japan

日経プレミアシリーズ 500

植田日銀 こう動く・こう変わる

清水功哉

なぜ植田和男氏が日本銀行総裁に選ばれたのか？　異次元金融緩和はどのように変わっていくのか？　経済や市場、私たちの生活の変化は？　植田氏を長年取材し人柄を熟知し、日銀ウオッチャーとして定評がある日本経済新聞編集委員が、ファイナンシャルプランナーの視点も交えて明快に読み解く。

日経プレミアシリーズ 499

日韓の決断

峯岸 博

日韓両国は、２０１２年の李明博大統領による島根県・竹島（韓国名・独島）上陸から始まった「失われた10年」を経て、尹錫悦大統領による対日外交の方針転換により、飛躍の好機を迎えた。歴史の宿痾に翻弄されてきた両国の構造変化を読み解き、なお残るもろさに着目しながら、「成熟した国家関係」への道を探る。

日経プレミアシリーズ 501

パナソニック再起
２０３０年への新・成長論

日本経済新聞社 編

持ち株会社制への移行を機に、矢継ぎ早に変革の手を打つパナソニックホールディングス（ＨＤ）。事業会社への権限委譲で現場が自律的に動き出し、かつての輝きを取り戻そうとしている。「松下幸之助流」を現代に適合させながら、日本企業の新しい形を模索するパナソニックＨＤの実像を、最前線の取材記者が描き出す。

日経プレミアシリーズ 494

「低学歴国」ニッポン

日本経済新聞社 編

大学教育が普及し、教育水準が高い。そんなニッポン像はもはや幻想？——いまや知的戦闘力で他先進国に後れをとる日本。優等生は育ってもとがった才能を育てられない学校教育、〝裕福な親〟が必要条件になる難関大入試、医学部に偏る理系人材、深刻化する教員不足など、教育現場のルポからわが国が抱える構造的な問題をあぶり出す。

日経プレミアシリーズ 496

半導体超進化論

黒田忠広

1988年に50％あった日本企業の世界シェアが今では10％。この30年間に世界の半導体は年率5％超の成長を遂げたが、日本はまったく成長できなかった。日本は何をすべきか。日本の半導体戦略をリードするキーパーソンが、新しい半導体の世界と対応策を活写。

日経プレミアシリーズ 495

なぜ少子化は止められないのか

藤波 匠

2022年の出生数は80万人を割り、わずか7年で20％以上減少する危機的な状況だ。なぜ少子化は止まらないのか。どのような手を打てばよいのか。若者の意識の変化や経済環境の悪化、現金給付の効果など、人口問題の専門家が様々なデータを基に分析、会話形式でわかりやすく解説する。